인생의 기회를 열어주는
세련된 영어 대화법

단어 하나
바꿨을
뿐인데

단어 하나 바꿨을 뿐인데

초판 1쇄 발행 2018년 5월 14일
초판 2쇄 발행 2018년 6월 29일

지은이 하마다 이오리 / **옮긴이** 정은희

펴낸이 조기흠
편집이사 이홍 / **책임편집** 유소영 / **기획편집** 이수동, 송병규
마케팅 정재훈, 박태규, 김선영, 이건호 / **디자인** 박정현 / **제작** 박성우, 김정우

펴낸곳 한빛비즈(주) / **주소** 서울시 서대문구 연희로2길 62 4층
전화 02-325-5506 / **팩스** 02-326-1566
등록 2008년 1월 14일 제 25100-2017-000062호

ISBN 979-11-5784-262-9 13740

이 책에 대한 의견이나 오탈자 및 잘못된 내용에 대한 수정 정보는 한빛비즈의 홈페이지나
이메일(hanbitbiz@hanbit.co.kr)로 알려주십시오. 잘못된 책은 구입하신 서점에서 교환해드립니다.
책값은 뒤표지에 표시되어 있습니다.

홈페이지 www.hanbitbiz.com / **페이스북** hanbitbiz.n.book / **블로그** blog.hanbitbiz.com

CHUGAKU LEVEL DE SENREN SARETA EIKAIWA GA DEKIRU HON
by Iori Hamada
Copyright © 2016 Iori Hamada
Korean translation copyright © 2018 by HanbitBiz, Inc.
All rights reserved.
Original Japanese language edition published by Diamond, Inc.
Korean translation rights arranged with Diamond, Inc. through Shinwon Agency Co.
이 책은 신원에이전시를 통한 저작권자와의 독점계약으로 한빛비즈(주)에서 출간되었습니다.
저작권법에 의해 보호를 받는 저작물이므로 무단 복제 및 무단 전재를 금합니다.

지금 하지 않으면 할 수 없는 일이 있습니다.
책으로 펴내고 싶은 아이디어나 원고를 메일(hanbitbiz@hanbit.co.kr)로 보내주세요.
한빛비즈는 여러분의 소중한 경험과 지식을 기다리고 있습니다.

인생의 기회를 열어주는
세련된 영어 대화법

단어 하나 바꿨을 뿐인데

하마다 이오리 지음 | 정은희 옮김

ⅢB 한빛비즈
Hanbit Biz, Inc.

세련된 영어는 중학교 영어면 충분하다

영어를 공부하는 사람이라면 한 번쯤 이런 의문을 품을 때가 있습니다.

"지금 공부하는 영어가 진짜 통하긴 할까?"

진짜 통하는 영어는 어떤 영어일까요? 수년간의 시행착오 끝에, 저는 '세련된 영어'가 진짜 통하는 영어라는 사실을 깨달았습니다.

저는 현재 호주 최고 대학에서 문화 및 언어 전문가로 연구 활동을 하는 한편, 전 세계에서 모여든 우수한 학생들을 지도하고 있습니다.

매일 영어를 쓰면서 일하고, 국경을 뛰어넘어 다양한 사람들과 만나고, 소중한 가족과 친구들과 함께 즐거운 나날을 보내고 있는 지금, 새삼 이런 생각이 들었습니다.

'지금 누리는 이 행복은 모두 세련된 영어를 할 수 있게 된 덕분이다.'

영어를 제대로 공부하기 시작한 이후 이런 생각을 하게 될 때까지 아마 10년은 걸린 것 같습니다.

처음 몇 년간 제가 쓰는 영어는 사람들에게 거의 통하지 않았습니다. 통하기는커녕 완전히 잘못된 영어를 쓰고 있다는 사실을 깨닫지도 못한 채 상대방을 불편하고 당황하게 만든 적도 있습니다. 지금 생각해도 얼굴이 화끈거리네요.

그런 부끄러운 경험을 겪어본 사람이기에, 영어를 공부하는 사람들에게 도움을 주어야겠다고 생각하여 이 책을 쓰게 되었습니다.

지금 영어를 배우고 있거나 혹은 처음부터 다시 공부하고 싶은 사람들이 저처럼 헤매지 않고 최소한의 노력으로 '세련된 영어'를 자유자재로 구사할 수 있도록 돕는 것, 그것이 바로 이 책이 추구하는 목적입니다.

특히 '내 영어는 중학교 수준밖에 안 돼서, 세련된 영어는 못 해'라고 생각하는 사람들에게 이 책을 꼭 권하고 싶습니다.

이 책에서 소개하는 방법 중에는 완전히 새롭게 느껴지는 것이 있는가 하면, 알고는 있었지만 지금까지 효과적으로 활용하지 못한 것도 있을 것입니다.

몰랐던 방법은 이 책을 통해 확실하게 익히고, 이미 알고 있는 방법은 더 많은 연습과 훈련으로 여러분이 하고 싶은 말을 효과적으로 전달하는 도구로 활용해보세요.

여러분의 주변 환경이 바뀌거나 자기 자신이 변해도 평생 유용하게 쓸 수 있는 '세련된 영어'를 학습하는 데 이 책이 조금이나마 도움이 될 수 있기를 바랍니다.

2016년 8월

하마다 이오리

차례

3장
지금 바로 쓰는 세련된 영어 회화 기술

4장
중학교 영어로도 충분한 세련된 회화 비결

5장
상황별로 완벽 마스터하는 세련된 영어 대화법

1장

세련된 영어는 나를
돋보이게 한다

01
세련된 영어의 네 가지 조건

'세련된 영어'라고 하면 어떤 이미지가 떠오르나요? 이런 이미지가 생각 날지도 모르겠네요.

- 지적이다
- 품위 있다
- 스타일리시하다
- 멋지다
- 도회적이다
- 수준이 높다

분명 '세련되다'라는 말은 이런 표현들과 동의어처럼 쓰일 때가 있습니다. 하지만 커뮤니케이션의 도구인 영어에 한해 말하자면, 이런 이미지는 그저 표면적인 부분에 지나지 않습니다.

이 책에서는 특히 다음과 같은 네 가지 조건을 만족하는 영어를 '세련된 영어'라고 말합니다.

조건❶ 정중하다

조건❷ 긍정적이다

조건❸ 이해하기 쉽다

조건❹ 상대방의 입장을 고려한다

이런 조건이 주는 이미지는 '세련된 영어'의 일반적인 이미지와는 조금 다를지도 모르겠습니다.

실제로 이 책에서는 '지적이고 멋스런 표현을 구사하는 수준 높은 영어'를 '세련된 영어'라고 하지 않습니다. 그런 영어를 습득하는 방법은 이 책 어디에서도 다루지 않습니다. 그런 영어는 대화 장소와 상대, 그리고 목적이 한정되어 있어 두루 쓰기 힘들기 때문입니다.

이 책이 말하고자 하는 바는 어디까지나 '세련된 영어=정중하고, 긍정적이며, 이해하기 쉬운 데다 상대방의 입장을 고려하는 영어'를 몸에 익히는 방법입니다.

이런 영어는 장소, 상대, 목적에 구애받지 않고 영어를 쓰는 거의 모든 상황에서 통용됩니다. 그래서 실용적이며, 매일 쓸 수 있습니다. 그리고 비즈니스 분야나 해외 생활은 물론, 우리의 인생 전반에 큰 도움이 되는 '진짜 통하는 영어'이기도 하지요.

그럼 진짜 통하는 '세련된 영어'의 가장 큰 이점에 대해서 알아볼까요?

02
세련된 영어의 최대 이점

전하고 싶은 메시지를 전하고 싶은 상대에게 효과적으로 전할 수 있다

이것이 바로 '세련된 영어=정중하고, 긍정적이며, 이해하기 쉬운 데다 상대방의 입장을 고려하는 영어'의 최대 이점입니다.

다시 말하지만, 영어는 메시지를 전하는 도구입니다. 전하고 싶은 메시지를 전하고 싶은 상대에게 효과적으로 전해야 비로소 그 도구의 가치가 최대한 발휘됩니다.

메시지를 효과적으로 전하면, 어떤 이점이 생길까요?

자신이 바라는 대로 일이 진행될 가능성이 높아집니다. 그 일이란 매일 일어나는 사소한 일부터 인생의 전환점이 될 만한 큰 사건까지 다양하지요. 그리고 그 다양한 일을 순조롭게 진행하는 데 도움이 되는 것이 바로 이 책에서 소개하는 세련된 영어입니다.

구체적으로 살펴보겠습니다.

예를 들어 만날 약속을 한다고 가정해볼까요? 상대방에게 이런 부탁을 하고자 합니다.

Can you come earlier?

(더 일찍 오실 수 있나요?)

어떤 느낌이 드나요? '빨리 와주기를 바란다'라는 핵심 내용은 분명하게 전달하고 있습니다. 하지만 지나치게 직설적인 느낌이 들지 않나요? 상대방의 사정은 그다지 고려하지 않는다는 오해를 받아도 할 말이 없을 정도로 말투가 직접적입니다. 상대방이 그 부탁을 흔쾌히 받아들일 가능성은 꽤 낮을지도 모르겠네요.

그럼 이렇게 말하면 어떨까요?

Could you come a bit earlier?
So we can get a good spot.

(조금만 더 일찍 오실 수 있나요? 그러면 우리가 좋은 자리를 잡을 수 있을 것 같아서요.)

만남의 목적은 여러 가지로 짐작해볼 수 있겠지요. 외식을 하러 가는 것일 수도 있고, 운동 경기를 보러 가는 것일 수도 있겠지요. 혹은 꽃구경을 갈 예정일지도 모릅니다.

목적이 무엇이든 이렇게 말하면, 상대방의 호감도가 70퍼센트 정도는 올라가지 않을까요? 표현이 훨씬 더 완곡해졌으니까요. 상대방을 존중하고 있다는 느낌도 듭니다. 그러면 상대방도 여러분의 제안에 동조하고 싶은 마음이 생기지 않을까요? 게다가 한 문장을 덧붙여, 일찍 만나면 어떤 점이 좋은지 명확하게 설명하고 있습니다.

첫 번째 문장과의 차이점은 밑줄 친 부분입니다. 이 작은 차이로 인상이 꽤 많이 달라집니다. 결과적으로 '정중하고, 긍정적이며, 이해하기 쉬운 데다 상대방의 입장을 고려하는 영어', 즉 이 책에서 계속 말하고 있는 세련된 영어가 됩니다.

예를 하나 더 들어볼까요? 당신에게는 지금 고민이 있습니다. 연인과의 잦은 다툼으로 스트레스를 받고 있지요. 가정일 뿐인데도 왠지 가슴이 답답해지는 것 같네요. 어쨌든 친구에게 당신의 심경을 한참 털어놓은 후 이렇게 말합니다.

Sorry I'm just complaining.

(미안해, 그냥 불평 한번 해봤어.)

꽤 부정적인 인상을 주지 않나요? 원어민이라면 당신이 사과하는 이유를 이해하지 못할지도 모릅니다. 바쁜 와중에 짬을 내서 실컷 이야기를 들어줬는데, 왠지 그 시간을 허비했다는 생각마저 들 수 있습니다.

그럼 이렇게 말해보면 어떨까요?

Thank you for listening.

(이야기를 들어줘서 고마워.)

훨씬 긍정적인 느낌이 나죠? 이런 식으로 감사 인사를 받으면, 누구든 기분이 좋아질 것입니다. 적어도 이야기를 들어준 시간이 아깝다는 생각은 들지 않겠지요. 어쩌면 "내가 도울 수 있는 일이 있으면, 뭐든 말해!"라는 말을 하고 싶어질지도 모릅니다.

하고 싶은 말이 있어도 효과적으로 전하는 법을 모르면, 상대방이 호의적으로 받아들일 가능성이 낮아집니다.

반대로 그 방법을 제대로 알면, 아무리 꺼내기 어려운 말이라도 상대방이 호의를 갖고 들어줄 가능성이 높아집니다.

그렇다면 상대방이 호의적으로 받아들일 수 있는 영어는 어떤 영어일까요? 다음 네 가지 조건을 충족하는 영어가 아닐까요?

- 정중하다
- 긍정적이다
- 이해하기 쉽다
- 상대방의 입장을 고려한다

어디선가 들어본 말입니다. 앞에서 언급한 세련된 영어의 네 가지 조건이지요.

우리의 영어가 정중하고, 긍정적이며, 이해하기 쉬운 데다 상대방의 입장을 고려할수록 상대방이 우리의 말을 호의적으로 받아들일 가능성이 높아집니다. 그리고 그것이 바로 세련된 영어가 가지는 최대 이점입니다.

이제부터는 세련된 영어와 그렇지 않은 영어의 차이점을 비교하며 알기 쉽게 설명하겠습니다.

✕ Can you come earlier?

(더 일찍 오실 수 있나요?)

> ▶ 세련된 영어의 조건을 갖추지 못했다. 상대방이 호의적으로 받아들일 가능성이 낮다. 메시지를 효과적으로 전할 수 없다.

⭕ Could you come a bit earlier? So we can get a good spot.

(조금만 더 일찍 오실 수 있나요? 그러면 좋은 자리를 잡을 수 있을 것 같아서요.)

> ▶ 세련된 영어의 조건을 갖추고 있다. 상대방이 호의적으로 받아들일 가능성이 높다. 메시지를 효과적으로 전할 수 있다.

✕ Sorry I'm just complaining.

(미안해, 그냥 불평 한번 해봤어.)

> ▶ 세련된 영어의 조건을 갖추지 못했다. 상대방이 호의적으로 받아들일 가능성이 낮다. 메시지를 효과적으로 전할 수 없다.

⭕ Thank you for listening.

(이야기를 들어줘서 고마워.)

> ▶ 세련된 영어의 조건을 갖추고 있다. 상대방이 호의적으로 받아들일 가능성이 높다. 메시지를 효과적으로 전할 수 있다.

덧붙여, ✕와 ⭕만으로 설명하기 어려운, '통하기는 하지만 보완이 조금 더 필요한 영어'에는 아래와 같이 △로 표시했습니다.

△ Are you looking for something?

(찾으시는 물건이 있나요?)

> ▶ 현재형 are를 써서 표현이 직접적이다. 손님에게 쓰는 표현으로는 조금 예의 없는 느낌이 든다.

03
세련된 영어를 익히는 간단한 방법

이 책의 목적은 세련된 영어의 최대 이점, 즉 전하고 싶은 메시지를 전하고 싶은 상대에게 효과적으로 전하는 순간을 여러분이 체험할 수 있게 하는 것입니다.

그 목적을 위해서 이 책에서는 최소한의 노력으로 세련된 영어를 익힐 수 있는 방법만을 엄선했습니다. 그중 90퍼센트 정도는 중학교 수준의 단어와 구문으로 표현할 수 있는 간단한 방법입니다. 이미 많은 사람이 알고 있거나 실제로 쓰고 있는 단어와 구문을 활용하는 방법이지요. 그러니 어려운 영어 단어나 구문을 새롭게 암기할 필요는 거의 없습니다.

또한 이 책에서 소개하는 방법은 대부분 학교의 영어 교과서에는 나오지 않습니다. 하지만 제 자신은 물론이고 제 주변에 있는 원어민들이 자주 쓰는, 매우 일상적이고 실용적인 방법입니다.

이 책에 실린 방법을 실천하고 활용하면, '정중하고, 긍정적이며, 이해하기 쉬운 데다 상대방의 입장을 고려하는 영어', 즉 세련된 영어를 익힐 수 있습니다.

세련된 영어를 구사하면, 내용과 상관없이 상대방이 여러분의 메시지를 호의적으로 받아들일 가능성이 높아집니다.

비즈니스 분야, 해외여행, 유학 생활뿐만 아니라 우리 주변에서 일어나는 일상적인 상황에서도 그 효과를 실감할 수 있습니다.

이 책을 활용하여 세련된 영어를 완벽하게 습득한다면, 영어를 쓰는 거의 모든 상황에서 지금까지보다 훨씬 더 효과적으로 대화할 수 있을 것입니다.

그러니 이제부터 그 방법을 찬찬히 살펴보고 실천해보세요. 내일로 미루지 말고 지금 바로 하세요. 금세 그 효과를 느낄 수 있을 것입니다.

1장 정리노트

① 세련된 영어는 정중하고, 긍정적이며, 이해하기 쉬운 데다 상대방의 입장을 고려하는 영어다.

② 세련된 영어로 전하고 싶은 메시지를 전하고 싶은 상대에게 효과적으로 전할 수 있다.

③ 세련된 영어는 중학교 수준의 영어로 익힐 수 있다.

2장

나를 빛내주는
세련된 영어 회화 습관

01
모른다는 말은 적절한 순간에 구체적으로 한다

모른다는 말은 하기 어렵다

세련된 영어를 구사하고 싶은 사람이라면 누구나 가장 먼저, 모르는 것을 모른다고 말하는 습관을 몸에 익혀야 합니다.

사실 이 습관은 영어뿐만 아니라 모든 기술의 습득에 매우 중요한 가치를 지닙니다. 사람은 모르는 것을 알고 그것을 완벽하게 익혀야 실력을 향상시키고 자신감을 얻을 수 있기 때문입니다.

이미 많은 사람이 이 점을 알고 있습니다. 하지만 습관으로 굳히고 실행에 옮기기가 쉽지 않습니다. 그리고 영어 공부할 때가 특히 더 어렵지요.

흔히 하는 말이지만, 지금까지 학교에서는 실용 언어로서의 영어가 아닌 학문으로서의 영어를 가르쳤습니다. 원래 영어는 자동차 운전과 마찬가지로 연습하면 누구든지 마스터할 수 있는 기술의 한 종류에 지나지 않습니다. 하지만 우리는 매우 어렵게 생각하며, 영어를 '특별 취급'하지요.

그래서 많은 사람의 머릿속에 '영어를 못한다=공부를 못하는 것처럼 보인다=그래서 영어를 못하는 것은 부끄럽다'라는 방정식이 자연스럽게 자리 잡게 되었습니다. 그 영향은 꽤 심각하지요.

가령 이런 경험을 한 적이 없는지 기억을 떠올려보세요.

☐ 영어 수업이나 실제 영어 회화에서, 잘 모르지만 아는 척한 적이 있다.
☐ '이런 걸 물어보면 이상하게 생각하지 않을까?' 하는 걱정으로 물어보지 않았다가 대화를 따라가지 못한 적이 있다.

여러분은 어떠세요? 저는 모두 겪어 봤습니다. 그러면 이런 일은 어떤 결과를 가져올까요?

아무리 시간이 흘러도 영어에 자신감이 생기지 않고, 실력도 늘지 않는 악순환에 빠져 괴로운 나날을 보내게 됩니다.

실제로 저 역시 그런 괴로운 시간을 보냈습니다.

대학 시절, 미국에서 1년 동안 유학할 때였습니다. 처음 나간 외국에서 처음 겪는 유학 생활이었지요. 영어 공부를 게을리 하지 않았다는 알량한 자존심과 어떻게든 될 것이라는 근거 없는 자신감만으로 비행기에 몸을 실었습니다. 하지만 막상 가보니 모르는 것 투성이였습니다. 학교 수업도 따라갈 수 없었습니다. 선생님과 친구들의 말도 전혀 이해할 수 없었습니다. 일상적으로 주고받는 평범한 대화조차 알아듣기 어려웠습니다. 꿈꾸던 유학 생활과 한참 동떨어진 현실에 솔직히 의기소침해지기도 했습니다. 하지만 6년 넘게 영어 공부를 해왔다는 알량한 자존심에 발목 잡혀 '모른다'라는 말 한마디가 입 밖으로 나오지 않았습니다. 혼자 괴로워하며 정말 힘든 유학 시절을 보냈습니다. 그렇게 큰 후회를 남기고 다시 돌아와야 했습니다.

'모른다'라고 말하면 영어 실력이 좋아진다

그런 뼈아픈 경험을 겪어봤기에, 이제는 분명하게 말할 수 있습니다. '모른다'라고 말할 수 있는 사람은 반드시 영어 실력이 좋아집니다.

만약 여러분이 '이제 와서 새삼스럽게 모른다는 말은 못하지!'라고 생각한다면, 그런 생각이 여러분의 영어 실력 향상을 방해하는 장애물이 된다는 점을 명심하세요. '모른다'라고 말할 때는 다음 두 가지 습관을 꼭 실천해보세요.

습관❶ 대화 중에 상대방에게 직접 묻는다
습관❷ 구체적으로 확인하면서 묻는다

이 두 가지 습관은 말하는 '타이밍'과 '방법'이 중요합니다. 조금 더 상세하게 살펴볼까요?

습관 1 대화 중에 상대방에게 직접 묻는다

모른다고 말할 수 있는 최고의 타이밍은 '실제로 대화하는 도중'입니다.

그 자리에서는 주눅 들어 묻지 못하고 나중에 몰래 자료를 찾아보거나 다른 사람에게 물어보는 사람도 있지만, 사실 이것은 결코 좋은 습관이 아닙니다. 무슨 일이든 뒤로 미루면 효율성이 떨어지기 때문이지요. 즉 모르는 사실을 다시 떠올리는 일 자체가 시간을 허비하는 행위입니다. 자신과 상대방의 기억에 가장 새로운 시간인 '지금' 묻는 것이 여러분의 영어를 빨리 향상시킬 수 있는 지름길입니다.

습관 2 **구체적으로 확인하면서 묻는다**

모른다는 말만 제때 해도 한층 더 세련된 영어를 구사할 수 있는 확률이 높아지지만, 모른다는 말을 하는 방법도 고민해보세요.

가장 중요한 점은 **질문을 받은 상대방이 답하기 쉽도록 질문하는 것**입니다.

세 가지 요령만 알고 있으면, 절대 어렵지 않습니다.

요령1 모르는 부분을 최대한 구체적으로 말한다
요령2 yes/no로 답할 수 있도록 질문한다
요령3 마지막으로 자신이 제대로 이해했는지 확인한다

그럼 실제 대화에서 이 세 가지 요령을 어떻게 활용하면 좋을지 구체적인 사례를 통해 알아보겠습니다.

A씨는 새로 입사한 회사에서 캐나다인과 함께 일하게 되었습니다. 그는 복사기 사용법을 친절하게 설명해줬습니다. 하지만 A씨는 양면복사에 대한 설명은 제대로 이해하지 못했습니다. 여러분이라면, 모른다는 말을 어떻게 할 건가요?

갑자기 영어로 답하라고 하면 당황할 사람들을 위해 몇 가지 선택지를 준비했습니다. A~C 중에서 어떤 방식이 가장 효과적이며 세련되었다고 생각하나요?

A: Pardon?

(뭐라고요?)

B: I'm sorry I didn't understand. Can you explain that again?

(죄송하지만, 이해를 못했습니다. 다시 한 번 설명해주시겠어요?)

C: So, to confirm, you're saying that I need to press this button to make two-sided copies. Is that correct?

(그러니까 확인해보자면, 양면복사를 하기 위해서는 이 버튼을 눌러야 한다는 말씀이지요? 그게 맞는 건가요?)

A는 묻고 있는 부분이 막연합니다. 상대방은 여러분이 전혀 알아듣지 못했다고 생각하여 같은 말만 한 번 더 되풀이할 것입니다.

B도 묻고 싶은 부분이 모호합니다. that(그것)이 구체적으로 무엇을 가리키는지 분명하지 않지요. 결국 상대방은 석연치 않은 마음으로 표현만 조금 바꿔서 설명할 수밖에 없을 것입니다.

C는 묻고 싶은 부분을 구체적으로 명시하고 있습니다. 또 확인까지 하면서 묻고 있으니, 상대방은 여러분이 어느 정도 이해했는지 명확하게 알 수 있습니다. 게다가 yes/no로 답할 수 있도록 질문했으므로, 상대방도 대답하기가 한결 쉽겠지요. 즉 yes라면, "Yes, that's what I mean.(네, 그런 의미예요.)"이라고 말하면 됩니다. 반대로 no라면, 더 자세한 설명을 추가하면 되겠지요.

따라서 가장 효과적이고 세련된 방식은 C입니다. C의 예문은 이렇게 정리할 수 있습니다.

So, to confirm, you're saying (that) + 〈확인하고 싶은 부분을 요약한 문장〉. Is that correct?

이 구문은 모르는 것을 정확히 물을 때 유용하게 쓸 수 있습니다. 실제 대화에서 꼭 활용해보세요.

02
상대방 이름은 10초 안에 외운다

이름은 가장 중요한 정보다

면접을 볼 때, 프레젠테이션을 할 때, 친구에게 부탁할 때 등 영어가 필요한 다양한 상황에서 기억해둬야 할 가장 가치 있는 정보는 무엇일까요?

당연히, 상대방의 이름입니다.

설명할 필요도 없이 이름은 우리 모두에게 유일무이하며 소중합니다. 그래서 자신의 이름을 기억해주는 것만으로도 우리는 가슴 설레고 기분이 좋아져 상대방에게 호의적인 감정을 갖게 됩니다.

《카네기 인간관계론How to Win Friends and Influence People》의 저자인 데일 카네기는 "어떤 언어든 사람에게 가장 듣기 좋은 소리는 자기 자신의 이름이다"라고 말합니다. 상대방의 이름을 기억하는 것의 중요성에 대해 카네기는 같은 책에서 이렇게 설명하고 있습니다.

"대부분의 사람은 타인의 이름을 잘 기억하지 못한다. 바빠서 기억하고 있을 여유가 없다는 것이 그 이유다. 아무리 바쁘더라도 프랭클린 루스벨

트보다 더 바쁜 사람은 없을 것이다. 루스벨트는 우연히 만난 평범한 기계공의 이름을 외우기 위해 시간을 할애했다. "

누구보다 바쁜 삶을 살았던 미국의 전 대통령, 프랭클린 루스벨트가 시간을 들여 노력했던 것이 바로 **사람의 이름을 외우는** 일이었다고 합니다.

이름 외우기의 효과

그럼 구체적으로 상대방의 이름을 외우면 어떤 효과를 기대할 수 있을까요?

예를 들면 이런 일이 일어날 수 있겠지요.

● 상대방의 이름을 부를 때 나타나는 효과

순식간에 상대방의 주의를 끌 수 있다.

상대방의 태도가 호의적으로 변한다.

하고 싶은 말을 상대방에게 전하기 쉬워진다.

상대방이 yes라고 답할 확률이 높아진다.

일을 자신이 원하는 방향으로 진행하기 쉬워진다.

상대방의 이름을 외워서 부르는, 그 사소한 행위의 위력은 어쩌면 우리의 인생을 바꿀 수 있을 정도로 클지도 모릅니다.

게다가 바쁜 일상에 치여 사는 여러분에게 희소식이 하나 더 있습니다. 그것은 상대방의 이름을 외워 부르는 습관을 기르는 데는 별다른 노력이 필요하지 않다는 점입니다. 매일 단어를 10개씩 외우는 습관을 들이는 데 필요한 노력에 비해, 상대방의 이름을 외우는 습관을 들이는 데 필요한 노력은 매우 적습니다.

이쯤에서 이렇게 단언하고 싶네요. 이 습관을 몸에 익히기 위해서는 비상한 기억력이나 특별한 재능, 높은 토익 점수 등은 전혀 필요하지 않다고 말이죠.

이름을 외우는 습관을 위해 필요한 것은 서로 자기소개를 할 때 처음 10초 동안 정신을 집중하는 태도입니다.

왜 자기소개를 할 때의 처음 10초 동안일까요? 사람의 이름은 신선함이 생명이기 때문입니다.

상대방의 이름은 만나자마자 그 자리에서 확실하게 외우는 것, 이것이 기본입니다.

나중에 그 사람을 알고 있는 다른 친구에게 조용히 이름을 물어보는 방법도 있겠지요. 하지만 그래서는 다음에 그 사람을 만날 때까지 정말로 이름을 외우고 있을지 확신할 수 없습니다.

이름을 외우는 요령

그럼 이제 이름을 외우는 요령에 대해 알아볼까요?

영어를 실용어로 사용하는 사람들 중 영어가 모국어인 원어민^{native} speaker의 비율은 어느 정도 될까요?

〈하버드 비즈니스 리뷰〉의 통계에 따르면, 20퍼센트에 불과하다고 합니다. 나머지 80퍼센트의 사람들은 우리처럼 영어가 모국어가 아닌 비원어민^{nonnative speaker}이라고 하네요. 다시 말해 영어로 대화하는 상황일지라도 상대방의 이름이 영어 이외의 다른 외국어일 가능성이 꽤 높습니다. 상대방의 이름이 귀에 익지 않을 때, **다시 물어보는 것은 당연한 일입니다.**

저 역시 처음 만나는 사람의 이름을 제대로 알아듣지 못한 적이 아주 많습니다. 그럴 때는 반드시 이름을 다시 물어봤지만, 불쾌한 표정을 짓거나 한심하다는 눈빛을 보낸 사람은 단 한 명도 없었습니다.

여기서는 제가 평소에 이름을 다시 물어볼 때 유용하게 쓰고 있는 '세련된 구문 Top 3'를 소개하겠습니다.

구문 ①

What was your name again?

(성함이 뭐라고 하셨지요?)

▶ 비교적 편한 자리에서 쓸 수 있는 표현이다. 상대방의 이름을 확인하는 느낌으로 쓰면 효과적이다.

Could you tell me your name again?

(성함을 한 번 더 말씀해주실 수 있나요?)

▶ 격식을 차려야 하는 자리에서 쓸 수 있는 표현이다.

Sorry, I didn't catch your name.
Could you say it again?

(죄송합니다, 성함을 제대로 듣지 못했습니다. 다시 한 번 말씀해주실 수 있나요?)

▶ 편한 자리나 격식을 차려야 하는 자리, 어디서든 쓸 수 있는 표현이다.

요령 2 상대방의 이름을 듣자마자 따라 말한다

상대방이 이름을 가르쳐주면, 그 자리에서 바로 따라 말해보세요. 이런 식으로 말이지요.

상대방: **I'm Kyle.**

(저는 카일이라고 합니다.)

나: **Kyle. Hi, I'm Ken.**

(카일이시군요. 안녕하세요, 저는 켄입니다.)

이 대화에서 중요한 점은 머리가 아니라 몸을 쓴다는 것입니다. 소리를 그대로 흉내 내어 입 근육을 움직이는 데 집중하면, 하고 싶은 말이 머릿속에서만 빙빙 돌고 정작 입으로는 한마디도 내뱉지 못하는 최악의 사태를 피할 수 있습니다. 참고로 공식적인 자리에서 상대방이 성과 이름, 즉 풀네임을 알려주는 경우에는 자신도 풀네임으로 답하면 됩니다.

요령 3 자신의 발음이 맞는지 확인한다

상대방의 이름을 그대로 따라 해봐도 발음에 자신이 없다면, 이렇게 직접 확인해보면 됩니다.

Did I say/pronounce your name correctly?

(제가 당신의 성함을 바르게 발음했나요?)

이름을 외우려는 여러분의 성실한 노력이 분명 상대방의 마음을 감동시킬 것입니다.

요령 4 확신이 안 들 때는 철자를 물어본다

영어 이름 중에는 발음을 들었을 때 철자가 쉽게 떠오르지 않는 것들이 많습니다. 우리가 잘 알고 있는 영어 이름 중에 '마이클'을 예로 들어 보면, 이 단어의 영어 철자인 Michael을 정확히 쓸 수 있는 사람은 생각보다 많지 않습니다. 우리말의 '클'이 영어로는 'chael'로 바뀐다는 것이 어렵기 때문이죠. '신디'라는 영어 이름도 마찬가지입니다. Sindy라고 써야 할 것 같지만 실제로는 Cindy가 맞는 철자입니다. 이처럼 상대방의 영어 철자를 정확히 알 수 없을 때 활용할 수 있는 영어 표현이 있습니다.

How do you spell your name?

(성함의 철자가 어떻게 되나요?)

조금 더 구체적으로 물어볼 수도 있겠지요.

Is it spelled K-Y-L-E?

(KYLE이라고 쓰면 되나요?)

꽤 유용하고도 깔끔한 방법입니다. 이 방법으로 상대방의 이름을 머릿속에 새겨두세요.

요령 5 대화 중에 자연스럽게 불러본다

상대방의 이름을 확인한 뒤에는 이야기를 나누면서 실제로 한 번 불러보세요.

가령 이렇게 불러보면 어떨까요?

So Kyle, what do you do?

(그래서 카일, 어떤 일을 하시나요?)

특히 문장의 처음이나 끝에 상대방의 이름을 넣어 부르면, 기억하는 데 도움이 될 뿐만 아니라 상대방과의 거리감이 순식간에 줄어들어 한층 더 호의적인 감정으로 이야기를 나눌 수 있습니다.

요령 6 대명사보다 이름을 쓴다

이름을 모르면, '그'나 '그녀'와 같은 대명사를 써서 얼버무리기 쉽지요. 하지만 그러면 서로 어색한 분위기 속에서 대화를 이어가야만 합니다.

예를 들어 "사모님은 잘 지내시나요?"라고 묻기보다 "미키 씨는 잘 지내시나요?"라고 물으면, 듣는 사람의 입장에서도 '아, 이 사람은 우리 집사람의 이름까지 기억하고 있구나!' 하면서 친밀감을 느낄 수 있습니다. 상대방을 향한 호감도도 올라가겠지요.

지금까지 언급한 내용을 잘 숙지하고 있으면, 대화가 끝날 즈음에는 꽤 자신감을 갖고 상대방의 이름을 부를 수 있을 것입니다. 이제는 직접 실천해보는 일만 남았네요.

03
적절한 고갯짓으로
상대방의 말에 호응한다

적절한 호응은 최고의 대화 기술이다

상대방의 말에 맞장구치고 호응하는 방법 하나로 대화 분위기가 고조되거나 반대로 급격히 어색해질 수 있습니다. 효과적인 호응은 훌륭한 청자이자 훌륭한 화자로 만들어주는 일거양득의 기술입니다.

효과적인 호응이 최고의 대화 기술이라는 점은 영어 회화에서도 마찬가지입니다. 그러나 문제는 영어로 어떻게 맞장구쳐야 하는지 모르는 사람이 많다는 점이겠지요.

하지만 괜찮습니다. 어려운 단어나 구문을 외울 필요는 전혀 없습니다. 심지어 '그렇지요'나 '맞아요' 같은 말도 필요 없습니다. 최고의 호응 방법은 적절한 타이밍에 하는 느긋한 고갯짓입니다.

다시 말해서 머리는 많이 움직이지 않고 상반신을 천천히 조금 뒤로 젖혔다가 다시 앞으로 돌아오는 느낌으로 고개를 끄덕이는 방법입니다. 그때 굳이 말을 할 필요는 없습니다. Umm(음) 정도만으로도 충분합니다.

고개를 끄덕이는 것도 너무 자주할 필요는 없습니다. 가장 자연스러운 타이밍은 상대방의 설명이 일단락되었을 때입니다.

상대방에 대한 호응이 조금 부족하다고 생각하는 사람도 있겠지요. 뭔가를 더 해야 하는 것은 아닌지 걱정하는 사람도 있을 것입니다. 하지만 기억하세요. 영어로 대화할 때는 그 정도가 가장 적당합니다.

영어 특유의 호응 방법

당신이 아주 오랜만에 친한 친구를 만났다고 가정해 볼게요. 당신은 아마도 친구가 하는 말에 연신 고개를 끄덕이며 "그래, 그래" 혹은 "맞아, 맞아"라고 말하며 맞장구를 칠지도 모릅니다. 영어권에서는 이런 행동이 어떻게 여겨질까요?

"네, 네"라는 의미로 "Yes, yes"를 연발하면, 자신의 의도와는 달리 실제로는 '알았어요, 알았다고요' 혹은 '빨리 다음 이야기로 넘어가시죠'라는 뜻으로 비쳐 불필요하게 상대방을 재촉하는 느낌을 줄 수 있습니다.

바로 이런 이유로 고개를 끄덕일 때도 느긋하게 해야 합니다. 느긋한 태도로 천천히 고개를 끄덕이는 모습은 '듣고 있으니 편하게 말씀하세요'라는 의미로 전달되어, 차분하고 침착한 사람으로 보일 수 있습니다.

이쯤에서 꼭 언급해두고 싶은 말이 있습니다. 영어 회화에서 상대방의 말에 얼마나 잘 호응하는지를 결정하는 요소는 사실 영어 실력이 아닙니다. **영어에는 그에 맞는 호응 방법이 있다**는 사실을 알고 있는 것입니다.

좋은 호응 방법과 나쁜 호응 방법을 나누는 것은 아주 사소한 요령과 습관입니다. 그것만으로도 우리의 회화 실력은 눈에 띄게 세련되어질 것입니다.

04
'인사＋칭찬 한마디'가
상대방을 움직인다

칭찬의 효과

칭찬은 간단해 보이지만, 사실은 꽤 고도의 기술을 요하는 행위입니다. 뭐든지 다 칭찬한다고 좋은 효과를 얻을 수 있는 것도 아니고, 칭찬하는 타이밍과 적절한 말을 고르는 일도 쉽지 않습니다. 더구나 영어로 세련되게 칭찬해야 한다니, 벌써부터 포기하고 싶은 마음이 들지도 모르겠네요.

사실 사람은 누구나 기본적으로 **칭찬받는 것을 좋아합니다.** 칭찬을 들으면 절로 기분이 좋아지는 것은 인간의 본성일지도 모릅니다.

우리의 이런 특성을 뒤집어 생각해보면, 이렇게 말할 수 있습니다.

"칭찬에는 상대방의 감정과 행동을 움직이는 힘이 있다."

칭찬은 사람을 기분 좋게 만들고, 마음을 열어 상대에게 호감을 가지도록 합니다. 그 효과는 감정적인 면에서 그치지 않습니다. 상대방의 행동도 변화시킬 수 있습니다. 다시 말해 상대방이 우리에게 마음을 열면, 우리의 이야기에 더 세심하게 귀를 기울여주겠지요. 그러면 우리가 전하고 싶은 메시지가 잘 전달되어 우리가 바라는 방향으로 일을 진행하는 것이 보다 쉬워집니다.

이처럼 칭찬에는 분명 큰 이점이 있습니다. 그러니 습관으로 만들 가치가 있지요.

다섯 가지 칭찬 요령

그렇다면 칭찬의 이점을 구체적으로 어떻게 영어 회화에서 활용할 수 있을까요? 지금 바로 쓸 수 있는 세련된 칭찬 요령에는 어떤 것이 있을까요?

지금부터 나오는 내용은 매우 중요하니 꼭 기억해두세요. 다섯 가지 칭찬 요령을 소개합니다.

세련된 칭찬 요령 1 가능한 한 짧게 한다!

칭찬은 가능한 한 짧게 하는 것이 기본입니다. 가령 직장 동료가 새 안경을 쓰고 왔다면, 이렇게 칭찬해보세요.

나: **Are they new glasses? They're nice!**

(새 안경인가요? 멋지네요!)

동료: **Thanks!**

(고마워요!)

나: **So, how's everything?**

(그래서, 잘 지내시죠?)

칭찬은 밑줄 친 부분뿐입니다. 어떤가요? 뭔가 부족하다는 생각이 들지도 모르겠네요. "안경테가 얼굴과 잘 어울려요", "어디서 사셨어요?" 혹은 "어느 브랜드 제품인가요?" 등 왠지 말을 더 이어나가야 하지 않을까, 걱정하는 사람도 있을 것입니다. 그러나 이 정도면 충분합니다.

칭찬이 너무 길면 오히려 집요하게 보여 상대방에게 부담을 줄 수 있습니다. 때로는 다른 목적이 있는 것이 아닌가 하는 의심을 살 수도 있습니다.

아래 대화를 보면서 칭찬이 과하면 어떤 느낌이 드는지 생각해보세요.

A: **Wow, I like your glasses.**

(우와, 안경이 멋지네요.)

B: **Thanks!**

(고마워요!)

A: **They are really nice. They look good on you. I was looking for glasses like them.**

(정말 멋져요. 당신에게 잘 어울려요. 저도 그런 안경을 찾고 있었는데 말이죠.)

B: **Um, well…, thanks.**

(음, 그렇군요……, 고마워요.)

제가 추천하고 싶은 칭찬 표현은 "**좋아 보이시네요**"입니다. 영어로는 "You look good."이나 "You're looking good."으로 말할 수 있겠네요.

'이런 말도 칭찬이 될 수 있을까?' 의문이 드나요? 네, 될 수 있습니다.

게다가 꽤 훌륭한 칭찬이지요. 부담 없이 가볍게 하기에 딱 좋습니다. 형식적으로 하는 인사가 아니라 진심이 담겨 있다는 느낌을 줍니다. 그리고 상대방이 민망해하거나 경계심을 가질 위험도 없습니다. 세련된 칭찬의 철칙은 '산뜻하고 깔끔하게'입니다.

상대방을 만나면, 인사와 함께 자연스럽게 이 표현을 활용해보세요.

나: **Hi, Jane. It's been a while. You look good.**
(안녕하세요, 제인. 오랜만이네요. 좋아 보이시네요.)

상대방: **Thanks! Yourself?**
(고마워요! 당신은 어떠세요?)

하지만 처음 만난 사람에게는 기본적으로 칭찬을 많이 하지 않는 편이 좋습니다. 지나친 칭찬은 오히려 치켜세운다는 인상을 줘서 불쾌해할 수 있으므로 주의가 필요합니다.

세련된 칭찬 요령 2 생각나면 바로 그 자리에서 한다!

앞에서 말했듯이 효과적인 칭찬은 상대방의 감정만이 아니라 행동까지도 변화시키는 위력을 가집니다. 그리고 그 위력을 실감할 수 있는 효과 만점의 타이밍도 있지요.

그 타이밍이란 '칭찬할 점이 생각나면 바로 그 자리에서'입니다. 상대방의 뇌에 이런 사고회로가 작동하기 때문입니다.

```
특정 행동을 한다.
        ⬇
바로 다른 사람에게서 칭찬을 받는다.
        ⬇
바로 그 정보가 뇌에 입력된다.
        ⬇
그 행동을 반복하고 싶은 욕구가 높아진다.
```

부하 직원의 프레젠테이션이 끝난 직후, 회의에서 동료가 발언한 직후, 소중한 사람과 점심 식사를 한 직후에 칭찬하는 순발력을 갖추고 싶다면, 먼저 이런 표현부터 시작해보세요.

That was great.

(정말 좋았어요.)

딱 세 단어면 됩니다. 정말 간단하지요?

세련된 칭찬 요령 3 신체에 관한 칭찬은 하지 않는다!

잠시 다음 표현들을 살펴볼까요?

"요즘 살이 좀 **빠**지셨네요."

"피부가 아주 좋으시네요."

"눈이 크시네요."

"얼굴이 작으시네요."

"키가 크시네요."

익숙한 표현들인가요? 누군가를 칭찬하고 싶을 때 자주 쓰는 말이지요.

하지만 안타깝게도 영어에서는 모두 피해야 할 표현입니다. 상당히 친한 사이거나 상대방의 문화를 충분히 이해하고 있는 상태가 아니라면, 그 사람의 타고난 신체적 특징, 즉 피부나 머리카락, 눈의 모양과 크기, 눈동자의 색 등에 관해 언급하는 것은 위험합니다. 신체적 특징은 당연히 사람마다 모두 다릅니다. 그것에 초점을 맞추면, '차별'한다는 오해를 받을 수 있습니다.

제 남편은 호주 사람인데, 언젠가 이런 말을 한 적이 있습니다. 예전에 일본 여행을 갔을 때, 들을 때마다 어떻게 반응해야 할지 모를 정도로 자신을 당혹스럽게 만든 말이 있었다고요. 어떤 말이었을까요?

"두상이 예쁘시네요!"

바로 이 말입니다. 동양인들이 자주 하는 칭찬 중 하나입니다. 말하는 사람이야 당연히 칭찬이라고 생각하고, 그 말을 그대로 영어로 옮겼겠지요. 하지만 남편은 "두개골 모양으로 칭찬받기는 처음이야!"라며 꽤 충격을 받았다고 합니다.

상대방의 신체적 특징에 관해 이야기하고 싶을 때는 심호흡을 한 번 한 뒤, 그 자리에서 하기에 적절한 말인지 아닌지 생각해보는 습관을 가져야 합니다.

세련된 칭찬 요령 4 상사는 칭찬하지 않는다!

부하 직원에게서 "이 안건을 잘 처리하셨네요"라고 칭찬받으면, 어떤 기분이 들까요? 기분이 좋을까요? 아니면 반대로 자존심이 상할까요? 상사가 문제를 처리하는 것은 이상한 일이 아닙니다. 그런데 부하 직원이 굳이 그에 대해 언급하는 순간 왠지 자신을 비웃는 것 같은 느낌이 들지도 모릅니다.

상사는 칭찬하지 마세요. 그 대신 이런 식으로 감사의 마음을 전하면 됩니다.

Thank you for your support with this.
I very much appreciate it.

(이 건과 관련해 도움을 주셔서 감사합니다. 정말 감사하게 생각하고 있습니다.)

세련된 칭찬 요령 5 부하와 동료를 칭찬할 때는 행동을 중시한다!

사실 직장에서 칭찬하는 것은 꽤나 신경 쓰이는 일입니다. 상하 관계, 남녀 관계에 얽힌 힘의 균형을 고려해야 하니까요.

비즈니스 현장에서 활용하기 좋은 칭찬 포인트는 '겉모습'이 아니라 '행동'입니다. 부하나 동료에게는 '일의 수행 과정'에 초점을 맞춰 가능한 한 구체적으로 상대방의 행동을 평가하는 것이 좋습니다.

예를 들어 여러분이 회의에서 발언한 내용에 대해 동료가 칭찬할 때, 어느 쪽이 마음에 와 닿을까요?

A: **Good job, Miki.**

(잘 했어요, 미키 씨.)

B: **Hey Miki, you *brought up some good points about our branding in that meeting. I thought that was great.**

(미키 씨, 그 회의에서 우리의 브랜딩에 대해 좋은 지적을 하시더군요.
정말 훌륭하다고 생각했습니다.)

* bring up ~: ~을 지적하다. 예문에서는 과거형이 쓰였다.

A도 나쁘지는 않지만, 구체적으로 무엇에 관한 칭찬인지 모호합니다. 그래서 칭찬받는 사람도 그다지 기억에 오래 남지 않을 것이고, 그러면 칭찬받은 행동을 반복할 가능성은 낮겠지요.

반면 B는 칭찬하는 부분이 구체적입니다. 동료가 자신의 말을 주의 깊게 들어준 데다 의견까지 덧붙여주니 고마운 일이지요. 이런 칭찬은 기억에 오래도록 남아 앞으로도 같은 행동을 반복할 가능성이 높아집니다.

상대방의 긍정적인 행동에 초점을 맞춰서 세련되고 깔끔하게 칭찬하세요. 그것은 상대방의 긍정적인 행동을 유도하는 촉매제가 됩니다. 세련된 영어 칭찬이지요.

05
바로 답하지 못한 메일은
24시간 안에 답장한다

큰 차이를 만드는 메일 습관

뜬금없는 질문이지만, 여러분은 하루에 몇 통의 메일을 받고 있나요?

모바일 기기의 등장으로 손쉽게 메일을 확인할 수 있게 된 현대인은 대부분 하루에 서너 통 이상은 받고 있지 않을까요? 많게는 수십 통씩 받는 사람도 있을 것입니다.

이렇게 메일을 주고받는 일이 생활의 일부가 된 오늘날에는 사소한 습관이 큰 차이를 낳을 수 있습니다. 그러기 위해서는 한 가지 사실을 알아야 합니다.

바로, 일이든 사생활이든 상관없이 많은 사람은 자신이 보낸 메일에 대한 답장을 24시간 안에 받기를 원한다는 사실입니다.

특히, 신속함이 성패를 좌우하는 글로벌 비즈니스 세계에서는 그러한 경향이 더욱 두드러지게 나타납니다. 실제로 외국인과 영어로 메일을 주고받을 때, 24시간 안에 답장하는 것은 국제 표준, 즉 세계적으로 통용되는 기본 규범이라고 할 수 있습니다. 또한 시차를 잘 이용하여 상대방의 근무 시간에 맞춰 메일을 보내면, 더 효율적인 소통을 할 수 있습니다.

만약 상대방이 보낸 메일에 24시간이 넘도록 아무 답변도 하지 않았다고 생각해보세요. 메일을 보낸 사람은 어떤 기분으로 답장을 기다리고 있을까요?

쉽게 상상할 수 있는 일이지요. 어떻게 된 것인지 불안해하거나, 늦은 답장에 초조해하면서 불필요한 스트레스를 받고 있겠지요.

24시간 안에 답장을 하는 행위는 이런 **부정적인 요인과 잡음을 없애고 원만한 커뮤니케이션을 가능하게 하여, 좋은 관계를 구축하는 데** 도움을 주는 효과가 있습니다.

바로 답장할 수 없을 때 유용한 '자동 응답 메세지'

하지만 항상 바로 답장할 수 있는 것은 아닙니다. 지금 당장 답변하기 어려운 메일도 있지요. 문제는 그런 메일을 받았을 때입니다. 흔히 답장할 수 있는 상황이 될 때까지 그대로 방치해두지만, 그 동안에도 상대방은 여러분의 답장을 기다립니다. 그럴 때는 단 5초 만에 쓸 수 있는 자동 응답 메시지 기능을 이용하면 됩니다.

[1]Thank you for your email. [2]I am currently reviewing your request and [3]will get back to you later this week.

(메일을 주셔서 감사합니다. 현재 귀하의 요청을 검토하고 있으며, 이번 주 후반부에 다시 연락을 드리겠습니다.)

이 메일에서 주목해야 할 점을 정리해볼까요?

① 메일을 받았다는 사실을 알린다

② 지금 바로 답할 수 없는 이유를 간결하게 설명한다

③ 나중에 반드시 연락할 것을 약속한다

＊'이번 주까지' 등 답변 예정 시기를 알려주면, 상대방을 안심시킬 수 있다.

이러한 메시지 작성은 단 1분 만에 끝낼 수 있는 작업입니다. 이것을 습관으로 굳히면, 자신은 물론 상대방도 쓸데없는 스트레스에서 해방될 수 있습니다.

마찬가지로 휴가나 출장 때문에 바로 답장하기 힘들 때도 자동 응답 시스템을 설정해두면 좋습니다. 아래에 나오는 영문을 참고하세요.

Thank you for your email. I am currently out of the office and will be returning on 〈사무실로 돌아가는 날짜〉.

If you need immediate assistance, please contact 〈대리인의 이름〉 **at** 〈대리인의 메일 주소〉. **Otherwise I will respond to your emails as soon as possible upon my return.**

(메일 주셔서 감사드립니다. 제가 지금은 사무실이 아니지만, 〈사무실로 돌아가는 날짜〉에 복귀할 예정입니다.

만약 급한 도움이 필요하시다면, 〈대리인의 메일 주소〉로 〈대리인의 이름〉에게 연락 주세요. 그렇지 않다면 제가 돌아가는 대로 최대한 빨리 메일에 답변을 드리도록 하겠습니다.)

06
앵무새 같은 인사는 피한다

다양한 인사말을 알아둔다

　어느 날 아침, 길에서 아는 사람을 만났습니다. 영어로 인사해야 한다면, 가장 먼저 어떤 말을 할 건가요?

- Hello.
- Hi.
- Hey.
- Morning!
- How are you?
- How's it going?
- What's up?
- Hi there!
- Well hello!
- Look who it is!

잠깐 생각해봐도 가볍게 건네는 인사부터 꽤 격식 차린 표현까지 이 정도는 있겠네요. 선택지가 너무 많아서 어떤 표현을 골라야 할지 고민될지도 모르겠습니다.

대부분 할 말은 따로 있으니 인사말을 많이 알고 있어봤자 별 의미가 없다고 생각하는 사람도 있겠지요. 하지만 영어 회화에서는 다양한 인사말을 알아두면 좋습니다. 왜일까요?

앵무새 같은 인사는 피한다

그 이유는 바로 '앵무새 같은 인사'를 피할 수 있기 때문입니다. 사실 원어민은 인사할 때, 상대방이 한 말과 같은 말로 응답하지 않는 경향이 있습니다. 그래서 자신이 알고 있는 다양한 인사말에서 다른 표현을 골라 쓰지요.

학교에서 배우는 영어 교과서는 이 점에 대해서 자세히 설명하지 않습니다. 중학교에서 사용하고 있는 영어 교과서에는 보통은 이런 대화문이 실려 있지요.

준수: **Hi, I'm Junsu.**

소윤: **Hi, I'm Soyun.**

준수: **Nice to meet you.**

소윤: **Nice to meet you, too.**

이 대화문에 쓰인 영어는 결코 틀린 표현이 아니며, 의미도 충분히 통한다는 점을 미리 말씀드립니다. 또한 교과서를 만든 사람은 학생들이 핵심 표현을 외우게 할 목적으로 같은 문장을 의도적으로 반복하여 썼을 것입니다. 하지만 원어민들은 이 같은 대화를 꽤 부자연스럽게 느낄 수 있다는 점을 가르치는 학교는 별로 없는 것 같습니다. 그러니 이런 대화가 일반적이라고 오해하는 사람도 있겠지요.

상대방이 "Hi."라고 인사하면, "Hello."나 "Hey." 등 상대방과 다른 표현으로 응답하는 습관을 들이면 어떨까요? 아래 대화를 참고하세요.

A: ❶Hi, Ken. ❷How are you?

(안녕하세요, 켄. 잘 지내세요?)

B: ❶Hey, Claire. ❸I'm good, thanks. ❷And yourself?

(안녕하세요, 클레어. 잘 지내고 있어요. 고마워요. 당신은 어떠세요?)

A: ❸I'm great, thank you.

(저도 아주 잘 지내요. 고마워요.)

① Hi에 대해 Hey로 응답하고 있다.

② How are you?에 대해 And yourself?로 응답하고 있다.

③ I'm good에 대해 I'm great로 응답하고 있다.

07
대화는 끝맺는 법이 중요하다

상대방에게 좋은 인상을 남기는 법

헤어질 때 나누는 인사는 때때로 만날 때 나누는 인사보다 더 강렬한 인상을 남깁니다. 그리고 사람은 어떤 일이든 '시작'보다 시점상으로 현재에 더 가까운 '끝'이 더 선명하게 머릿속에 남습니다.

영어 회화에서도 '대화를 끝맺는 법'은 '대화를 시작하는 법' 이상으로 신경을 써야 합니다. 그 이유는 대화의 끝이 좋으면, 다음 만남 때까지 상대방에게 좋은 인상을 남길 수 있기 때문입니다.

상대방에게 좋은 인상을 남기면 좋은 관계를 만들어 나가기도 쉽겠지요. 좋은 관계가 형성되면, 좋은 기회를 얻을 확률도 높아집니다. 다시 말해 인생을 호전시킬 만한 큰 성과를 손에 넣을 수도 있습니다. 그러니 대화를 끝맺는 법에 주의를 기울이는 습관을 길러야 합니다.

그러나 영어 수업에서조차 대화를 시작하는 법은 자세하게 알려줘도 대화를 끝맺는 법을 가르쳐주는 경우는 별로 없습니다. 그런 의미에서 대화를 끝맺는 법은 영어 학습의 맹점이라고 할 수도 있겠네요.

하지만 반대로 많은 사람이 소홀히 여기는 부분을 제대로 학습해두면,

자신의 존재감을 지금보다 훨씬 더 강렬하게 드러낼 수 있습니다. 그래서 대화를 끝맺는 몇 가지 요령을 소개할까 합니다.

대화를 끝맺는 세 가지 요령

다음과 같은 세 가지 요령을 알아두면 좋습니다.

대화를 끝맺는 요령 1 침묵을 활용한다

오랜만에 친구를 만나 실컷 수다를 떨고 밀린 이야기를 했다고 가정해 볼게요. 이제 할 이야기도 다 떨어져 가고 슬슬 집에 가야 할 시간이 다가 오면 어느 순간 둘 다 아무 말도 하지 않고 침묵이 흐를 때가 있습니다. 그 건 이제 대화를 끝내야 할 시점이라는 뜻입니다. 대화가 끝나갈 때 생기는 짧은 침묵을 두려워할 필요는 없습니다. 오히려 그것을 이용하도록 해보 세요.

대화를 끝맺는 요령 2 '예고 표현'을 활용한다

대화를 끝내고 싶을 때 잠깐의 침묵이 흐르면, 기회를 놓치지 말고 '예고 표현'을 써보세요. 대화의 마무리에 자주 쓰이는 예고 표현에는 이런 것들 이 있습니다.

- **Well, ~** (자, ~)
- **Anyway, ~** (여하튼, ~)
- **By the way, ~** (그런데, ~)
- **You'll have to excuse me.** (이만 실례하겠습니다.)

이런 예고 표현에 쓰이는 단어는 모두 중학교 수준입니다. 지금 바로 쓸 수 있는 간단한 표현들이지요.

대화를 끝맺는 요령 3 형식을 활용한다

대화를 시작할 때 "Hi, I'm Ken. Nice to meet you.(안녕하세요, 저는 켄입니다. 만나서 반가워요.)"와 같은 일정한 형식이 있듯이, 대화를 끝낼 때도 정해진 형식이 있습니다. 이 형식을 이용하면 대화를 자연스럽게 끝낼 수 있습니다. 그 형식은 구체적으로 이런 흐름으로 이루어집니다.

> ① 잠깐의 침묵을 발견한다.
> ⬇
> ② 적당한 예고 표현을 꺼낸다.
> ⬇
> ③ 자리를 떠야 하는 이유를 밝힌다.
> ⬇
> ④ 대화를 나눠서 즐거웠다고 말한다.
> ⬇
> ⑤ 다음 만남을 기약하며 헤어지는 인사를 한다.

이 같은 형식을 활용하여 실제로 대화를 끝내는 연습을 해볼까요? 상황을 머릿속에 그리기 쉽도록 일상에서 자주 마주치는 두 가지 설정을 준비했습니다.

평일 점심 식사 후 우연히 만난 지인과의 짧은 대화를 끝맺을 때

① 잠깐의 침묵을 발견한다.

▶ 상대방의 근황을 묻고 적절하게 맞장구친 후, 1초 정도 대화의 공백을 발견합니다.

② 적당한 예고 표현을 꺼낸다.

▶ 기회를 놓치지 말고, "자(Well)"라고 말합니다.

③ 자리를 떠야 하는 이유를 밝힌다.

▶ 이제 사무실로 돌아가야 한다는 점을 밝힙니다.

④ 대화를 나눠서 즐거웠다고 말한다.

▶ 만나서 반가웠다고 말합니다.

⑤ 다음 만남을 기약하며 헤어지는 인사를 한다.

▶ 다시 만날 수 있을지 확신할 수 없다면, 건강하게 지내라고 인사합니다.

①~⑤를 정리하면, 이런 인사가 되겠네요.

❶ 잠깐의 침묵

❷Well, ❸I have to get back to work now. ❹It was nice seeing you. ❺Take care!

(② 자, ③ 이제 사무실로 돌아가야 할 것 같아요. ④ 만나서 반가웠어요. ⑤ 건강하세요!)

어렵지 않죠? 하나 더 연습해볼까요?

설정2

파티에서 처음 만난 사람과 대화를 끝맺을 때

〈형식의 흐름과 구체적인 예〉

① 잠깐의 침묵을 발견한다.

▶ 몇 분 동안 이야기를 나눈 뒤, 1~2초 가량의 침묵을 발견합니다.

② 적당한 예고 표현을 꺼낸다.

▶ 기회를 놓치지 말고, "이만 실례하겠습니다.(You'll have to excuse me.)"라고 말합니다.

③ 자리를 떠야 하는 이유를 밝힌다.

▶ 이제 그만 가봐야 할 것 같다고 간략히 설명합니다.

④ 대화를 나눠서 즐거웠다고 말한다.

▶ 만나서 반가웠다고 말합니다.

⑤ 다음 만남을 기약하며 헤어지는 인사를 한다.

▸ 다음에 만날 가능성이 있다면, 다시 만났으면 좋겠다는 말을 합니다.

그럼 ①~⑤를 정리하여 영어로 말해볼까요? 앞에 나온 설정보다 조금 더 격식을 차린 느낌이 나네요.

❶ 잠깐의 침묵

❷You'll have to excuse me. ❸I have to go, but ❹it was great meeting you. ❺I hope to talk to you again.

(② 이만 실례하겠습니다. ③ 이제 돌아가야 할 것 같아서요. 하지만 ④ 만나서 반가웠습니다. ⑤ 또 뵐 수 있으면 좋겠네요.)

08
항상 주어를 의식한다

영어의 규칙을 익힌다

영어를 잘하는 비법을 묻는다면, 저는 이렇게 답하고 싶습니다.

"영어의 규칙을 익히세요."

다른 말로 하면, 모국어의 규칙에 얽매이지 말라는 뜻입니다. 그러니 일
단 모국어의 규칙은 잊어버리세요.

영어 실력이 좀처럼 늘지 않는다면, 혹시 여러분이 모국어의 규칙에 얽
매여 있지는 않은지 살펴보세요. 영어 회화를 할 때 모국어의 규칙에서 벗
어나지 못하면, 자연스러운 영어를 구사할 수 없게 되어 실력이 늘지 않습
니다.

주어를 생략하지 않는다

영어 실력을 단번에 향상시키고 싶은 사람이라면, 꼭 알아야 할 간단한
규칙이 있습니다.

그것은 바로,

입니다.

이 규칙의 위력을 알기 위해서 먼저 아래의 짧은 대화를 읽어보세요.

A: 요일은 벌써 금요일이네요.

B: 그것은 그러네요. 당신은 이번 주말에 어디 갈 건가요?

A: 아니요, 저는 특별한 일정이 없습니다.

의미는 이해할 수 있지만, 대화가 꽤 부자연스럽다는 점을 금방 알 수 있겠지요? 그럼 왜 부자연스럽게 들리는지, 그 이유를 설명할 수 있나요?

그 이유는 모든 문장에 주어가 들어 있기 때문입니다. 다시 말해 '주어를 생략한다=자연스럽게 들린다'라는 우리말의 규칙을 따르지 않아서 부자연스럽게 들리는 것입니다.

그럼 앞의 대화와 똑같은 내용이지만, 이번에는 주어를 생략해볼까요?

A: 벌써 금요일이네요.

B: 그러네요. 이번 주말에 어디 갈 건가요?

A: 아니요, 특별한 일정이 없습니다.

어떤가요? 이번에는 상당히 자연스러운 일상 대화로 들리네요. 그렇다면 왜 자연스럽게 들리는 것일까요? 그 이유는 모든 문장에 주어가 없기 때문입니다. 다시 말해 '주어를 생략한다=자연스럽게 들린다'라는 우리말의 규칙을 따르고 있어 자연스럽게 들리는 것입니다.

이제부터 중요한 내용이니 주목해주세요. 앞에서 말한 규칙을 영어에 그대로 적용하면 어떻게 될까요? 앞의 대화문을 그대로 영어로 옮겨보겠습니다.

A: **Already Friday.**
B: **Right. This weekend, going somewhere?**
A: **No special plans.**

매우 부자연스럽고 어색한 영어 대화입니다. 그 원인은 주어가 없기 때문이지요. 서로 다른 언어의 규칙을 억지로 적용해서 생긴 문제입니다.

그럼 이번에는 자연스러운 영어 문장으로 고쳐보겠습니다.

A: **It's already Friday.**
B: **That's right. Are you going somewhere this weekend?**
A: **No, I don't have special plans.**

이 대화는 왜 자연스럽게 들릴까요? 여러분은 이미 정답을 알고 있습니다. '주어를 생략하지 않는다=자연스럽게 들린다'라는 영어의 규칙을 따르고 있기 때문입니다.

이처럼 주어를 의식하기만 해도 영어 표현이 금세 자연스럽게 바뀝니다.

항상 주어를 의식하는 습관을 들이는 것이 영어 회화에서 얼마나 큰 도움이 되는지 이해했나요?

이런 습관을 몸에 익히면 세상을 보는 관점이 달라집니다. 금방 영어식 사고를 할 수 있게 되지요.

09
you로 문장을 시작하지 않는다

주어가 인상을 결정한다

영어를 말할 때 항상 주어를 의식하는 태도가 얼마나 중요한지는 앞에서 이미 설명했습니다. 이번에는 구체적으로 여러분의 영어를 단번에 세련되게 바꿔주는 주어 사용법에 초점을 두고 살펴보고자 합니다.

대부분 주어가 꼭 필요한 영어에서는 무엇을 주어로 하는지에 따라 상대방에게 주는 인상이 크게 바뀔 수 있습니다. 특히 상대방의 문제점을 지적하거나 재촉 혹은 제안할 때는 세심한 주의가 필요합니다. 주어를 어떻게 사용하는지에 따라 명령하거나 비난하는 인상을 줘서 커뮤니케이션에 불필요한 잡음을 초래할 위험이 있기 때문입니다.

이런 사태를 피하기 위해 꼭 알아둬야 할 원칙은 'you로 문장을 시작하지 말 것'입니다.

세 가지 주어 사용법

그럼 실제로 you 대신 어떤 주어를 써야 효과적인 표현이 될 수 있을까요? 그에 대해서는 세 가지 방법이 있습니다.

방법 1 we를 주어로 한다

you 대신 we를 쓰면 말에 일체감이 생깁니다. 순식간에 '나'와 '너'의 협력 체제가 형성됩니다. 특히 상대방에게 성가신 일을 부탁하거나 재촉할 때, 문제를 해결해야 할 때, 상대방에게 일을 시키기보다 함께하자고 말하는 것이 때로는 더 좋은 결과를 낳습니다. 주어를 you로 할 때와 we로 할 때, 메시지가 전달되는 느낌이 달라집니다. 구체적인 설정을 바탕으로 비교해볼까요?

설정 ──────────────────────────

다음 주에 있을 프레젠테이션에 필요한 자료를 준비해야 한다고 팀원들에게 말할 때

────────────────────────────────

⟨you를 주어로 할 때⟩

✕ You have to get some data ready for the next week's presentation.

(당신들이 다음 주에 있을 프레젠테이션에 필요한 자료를 준비해야 해요.)

⟨we를 주어로 할 때⟩

◯ We have to get some data ready for the next week's presentation.

(우리는 다음 주에 있을 프레젠테이션에 필요한 자료를 준비해야 해요.)

▶ we를 쓰면 공동체 의식이 생겨 상대방도 불쾌해하지 않고 참여할 수 있다.

자신을 주어로 한다

자신을 주어로 하면 초점이 '상대방의 행동'에서 '자신의 행동'으로 옮겨집니다. 그러면 상대방의 행동을 직접적으로 비난하지 않고도 문제를 지적할 수 있습니다.

그럼 구체적인 설정을 통해 you를 다른 주어로 바꿨을 때 얻는 효과를 살펴보겠습니다.

설정 ─────────────────────────────────

친구에게 빌려준 3만 원을 돌려받고 싶을 때

──

〈you를 주어로 할 때〉

✘ Did you give me back my 30,000 won?

(네가 나에게 내 돈 3만 원을 돌려줬니?)

▸ 상대방을 직접적으로 추궁하는 느낌이 든다.

〈I를 주어로 할 때〉

⭕ Did I get back the 30,000 won I lent you?

(내가 너에게 빌려준 3만 원을 돌려받았었나?)

▸ 상대방이 아닌 자신에게 초점을 맞추고 있다.

방법 3 무생물을 주어로 한다

상대방이나 내가 아닌 추상적인 존재, 즉 '무생물'을 주어로 쓰는 방법입니다. 이번에도 예를 들어 차이점을 알아볼까요?

설정 ─────────────────────────────────

미국에서 이민 온 이웃에게 한국에 온 이유를 묻고 싶을 때

──────────────────────────────────────

〈you를 주어로 할 때〉

✕ Why did you come to Korea?

(당신은 왜 한국에 왔나요?)

▸ 사실 꽤 부자연스러운 영어다. you를 주어로 쓰고 있어 직접적이고 무례한 느낌이 든다.

〈what을 주어로 할 때〉

◯ What brought you to Korea?

(어떤 이유로 한국에 왔나요?)

▸ what(무엇)이라는 무생물을 주어로 쓰면, 간접적이고 완곡한 표현이 된다.

주어만 바꿔도 말의 느낌이 완전히 달라진다는 사실을 이제 충분히 이해했으리라 생각합니다.

여러분은 지금 세련된 영어를 서서히 그러나 확실하게 체득하고 있습니다. 반드시 습관으로 만드세요.

2장 정리노트

1. 모르는 것을 적절하게 묻는 습관을 들이면,
영어는 반드시 향상된다.

2. 상대방의 이름을 확실하게 외우려면,
처음 10초가 중요하다.

3. 차분하고 침착한 이미지는 적절한 고갯짓으로
얻을 수 있다.

4. '인사+칭찬 한마디'는 상대방을 치켜세우는
것이 아니라 인정하는 행위다.

5. 메일은 24시간 안에 답장하는 습관을 기른다.

6. 앵무새 같은 인사를 피하고 상대방과 다른
인사말을 사용한다.

7. 정말 주의를 기울여야 하는 부분은
'대화를 끝맺는 법'이다.

8. 주어를 의식하면 세상을 보는 관점과
영어 실력이 달라진다.

9. you를 주어로 하지 않으면, 표현이 완곡해진다.

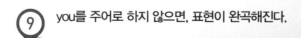

3장

지금 바로 쓰는
세련된 영어 회화 기술

01
마침표와 느낌표를 구분하여 감정을 조절한다

느낌표가 전달하는 뉘앙스

자료를 첨부하여 고객에게 메일을 보낸 뒤 얼마 후 이런 제목이 달린 답장을 받았다고 가정해봅시다. 다음 중 어느 문장에 여러분은 당황할까요?

A. I cannot open the file.
B. I cannot open the file!
C. I cannot open the file!!

A~C의 내용은 모두 같습니다. 첨부 파일이 열리지 않는다는 말이지요. 차이점은 문장 끝에 붙은 마침표와 느낌표뿐입니다. 그런데도 전해지는 느낌이 상당히 다릅니다.

A는 사실을 있는 그대로 설명하고 있습니다. 반면 B와 C에는 감정이 드러나 있지요.

문장의 의미는 A와 동일하지만, B는 큰소리로 외치고 있다는 느낌마저 줍니다. C는 사실 논외로 생각해야 할 것 같습니다. 업무 관련 메일에서 느낌표를 두 번 이상 연달아 쓰는 경우는 거의 없습니다. 전혀 그런 의도가 없더라도 상당히 화났다는 인상을 줄 수 있기 때문이지요.

느낌표를 함부로 쓰면, 감정을 정확하게 전할 수 없을뿐더러 감정 조절을 못하는 미성숙한 사람이라는 딱지가 붙을 수도 있습니다.

그런 이미지는 당연히 비즈니스 세계에서 치명적인 약점이 될 수 있습니다. 설명할 필요도 없겠지만, 냉정하고 침착하게 대응하지 못하는 사람에게 중요한 일을 맡길 수는 없으니까요.

그러니 고작 느낌표 하나가 큰 차이를 낳을 수 있습니다.

느낌표는 언제 써야 할까

메일이나 그 외의 문서에서 느낌표를 효과적으로 쓰는 방법을 알려주기 위해 이런 체크 리스트를 준비해봤습니다.

아래의 질문에 대한 답이 모두 yes라면, 업무 관련 메일에 느낌표를 써도 괜찮습니다.

〈느낌표 사용을 위한 체크 리스트〉

- 상대방과 자주 연락을 주고받는 사이인가?   YES / NO
- 전하고 싶은 메시지가 긍정적인 내용인가?   YES / NO
- 그 메시지를 공유할 만한 상대인가?   YES / NO
- 상대방이 보낸 메시지와 '같은 감정을 공유' 하는가?   YES / NO

그렇다면 실제로 체크 리스트의 각 항목에 유의하면서, 아래의 두 가지 예시를 통해 마침표와 느낌표의 세련된 사용법에 대해 상세하게 알아보겠습니다.

예시1 —————————————————————————

함께 프로젝트를 준비하고 있는 미셸에게서 '다음 달에 2주간 휴가를 다녀올 예정이다'라는 내용의 메일을 받았습니다. 그래서 이런 답장을 썼습니다. 언제 느낌표를 쓰면 효과적일까요? 각 문장 끝에 적절하다고 생각하는 부호를 괄호 안에서 골라보세요.

Hi Michelle(. / ! / ,)

Thank you for letting me know in advance(. / !)

That shouldn't be a problem(. / !)

Have a good weekend(. / !)

Regards(. / ! / ,)

Hi Michelle,

(안녕하세요, 미셸,)

▶ 업무 관련 메일이라면, 이 부분에서는 통상 쉼표를 쓴다.

Thank you for letting me know in advance.

(미리 알려줘서 고마워요.)

▶ 자신이 먼저 알려달라고 부탁한 것이 아니므로, 마침표로도 충분하다.

That shouldn't be a problem.

(그게 문제가 되지는 않을 거예요.)

▶ 꽤 친밀한 상대에게는 느낌표를 써도 괜찮다. 하지만 느낌표를 쓸 정도의 내용은 아니다. 다음 문장 끝에 느낌표를 쓸 가능성을 고려해 여기서는 깔끔하게 마침표를 쓰는 것이 좋다.

Have a good weekend!

(즐거운 주말 보내세요!)

▶ 주말을 앞둔 목요일이나 금요일 혹은 주말에 보내는 메일 끝부분에 자주 사용하는 표현이다. 업무 관련 메일이지만, 느낌표를 써도 무방하다.

Regards,

(안부를 전하며,)

▶ 메일을 끝맺을 때 관용적으로 사용하는 인사말로, 일반적으로 쉼표를 쓴다.

　　짧지만, 차분하고 세련된 인상을 주는 메일이 완성되었습니다. 그럼 다음으로 체크 리스트의 마지막 항목인 '같은 감정의 공유'에 맞춰 쓰는 법에 대해 살펴볼까요?

예시2 ─────────────────────────────────

지인에게서 감사의 마음을 담은 짧은 문자 메시지가 왔습니다. 두 가지 유형이 있습니다. 각각 어떤 답신이 어울릴까요?

[1]

상대방: **Thanks so much for your help!**

나: **You're welcome(. / !)**

[2]

상대방: **Thanks so much for your help.**

나: **You're welcome(. / !)**

─────────────────────────────────────

[1]

You're welcome!

▶ 상대방의 메시지에 쓰인 느낌표가 활기찬 분위기를 조성하고 있다. 같은 느낌의 느낌표를 쓰면 같은 감정을 공유할 수 있다.

[2]

You're welcome.

▶ 상대방의 메시지가 깔끔하게 마침표로 끝나고 있으므로, 같은 느낌의 마침표를 쓰면 같은 감정을 공유할 수 있다.

72 | 3장

02

격식 있는 영어를 구사하려면
축약형을 피한다

최소한의 노력으로 격식 있는 영어 하기

'격식 있는 자리에서 격식 있는 표현을 구사하는 기술'

이것은 세련된 영어 회화에 꼭 필요한 기술 중 하나입니다.

하지만 격식 있는 표현에는 어려운 단어가 많이 쓰이기 때문에, 사실 비원어민이 제대로 구사하기가 쉽지 않지요.

그렇다고 해서 포기할 필요는 전혀 없습니다. 사실 최소한의 노력으로 쉽게 격식 있는 영어를 구사할 수 있는 간단한 기술이 있습니다.

그것은 바로,

'축약형을 쓰지 않는 기술'

입니다.

축약형이란, I am이나 Let us처럼 원래 두 단어 이상으로 이루어진 말을 한 단어로 줄여 쓰는 것을 가리킵니다. 다시 말해 아포스트로피(')를 써서, I'm 혹은 Let's와 같이 표기하는 형식입니다.

자주 쓰는 축약형에는 이런 것들이 있지요.

〈자주 쓰는 축약형 리스트〉

- **I am → I'm**
- **you are/we are/they are → you're/we're/they're**
- **it is → it's**
- **is not → isn't**
- **do not → don't**
- **can not → can't**
- **will not → won't**
- **we will → we'll**
- **I have → I've**
- **I would → I'd**
- **let us → let's**
- **going to → *gonna**
- **want to → *wanna**
- **should not → shouldn't**
- **should have → should've**

(＊아포스트로피(')는 쓰지 않지만, 여기서는 gonna와 wanna도 축약형으로 봅니다.)

참고로 자주 쓰지는 않지만, 이런 축약형도 있습니다.

- **might not have → mightn't've**
- **should not have → shouldn't've**

축약형은 일상 회화뿐만 아니라 업무 관련 메일에서도 빈번하게 쓰이고 있습니다.

하지만 공식 문서는 물론, 만난 적이 없는 상대에게 처음으로 공식적인 업무용 서신을 보낼 때는 기본적으로 축약형을 쓰지 않습니다.

그 이유는 말을 줄여 쓰면 '수고를 덜 수 있기 때문'입니다. 공식적인 상황에서 본인의 수고를 덜고자 하는 행위는 상대방을 가볍게 여기고 있다는 인상을 줘서 무례하게 비칠 수 있습니다.

축약형을 쓰지 않는 격식 있는 표현

그렇다면 실제로 '축약형을 쓰지 않는 기술'을 활용하여, 여러분과 함께 격식 있는 영어 표현을 구사하는 연습을 해보겠습니다.

만난 적이 없는 상대에게 처음으로 메일을 보내려고 합니다. 축약형을 쓰지 않고, "XYZ 트레이딩사 부문장인 레베카 킴입니다"라고 자신을 소개해보세요.

△ **My name is Rebecca Kim. I'm the Division Manager of XYZ Trading.**

▶ 공식적인 메일에서 I'm과 같은 단축형을 써서 자신을 소개하면, 지나치게 가벼운 느낌을 준다. 다만 구어에서는 공식적이든 비공식적이든 I'm이라고 말하는 것이 자연스럽다.

○ **My name is Rebecca Kim. I am the Division Manager of XYZ Trading.**

▶ 공식적인 메일에서 자신을 소개할 때는 수고스럽더라도 I am이라고 쓰는 것이 기본이다.

인터넷 쇼핑몰 사이트에서 마음에 드는 상품을 발견했습니다. "가격표를 보내주시면 감사하겠습니다"라는 말을 전문적인 느낌이 나도록 쓰려고 합니다. 축약형을 쓰지 않고 격식 있고 세련된 문장을 써보세요.

▲ I'd appreciate it if you could send me the price list.

⭕ I would appreciate it if you could send me the price list.

▶ I would appreciate it if you could ~(~해주시면 감사하겠습니다)는 상대방에게 뭔가를 의뢰할 때 자주 쓰는 표현으로, 전문적인 느낌을 준다. I would를 줄여 쓰지 않으면 한층 더 격식 있고 정중하게 느껴지며, 상대방을 존중하는 인상을 줄 수 있다.

고객의 문의 메일에 답장을 쓰고 있습니다. 마지막에 "더 많은 정보가 필요하시다면, 주저 없이 저희에게 연락주세요"라는 말을 덧붙이고 싶습니다. 축약형을 쓰지 않고 격식 있는 문장을 써보세요.

 For further information, please don't hesitate to contact us.

◯ **For further information, please do not hesitate to contact us.**

▶ 업무 관련 메일에서 활용도가 높은 문장이므로 그대로 외워두면 좋다. do not을 줄여 쓰지 않으면, 한층 더 격식 있고 정중하게 느껴진다. 고객을 존중하는 인상도 줄 수 있다.

여러 회사가 참가하는 공식 회의 중입니다. 축약형을 쓰지 않고, "그럼 이 사례에 대해 논의해봅시다"라고 말해보세요.

 Now let's discuss this case.

▶ 비교적 친밀한 사람들과 하는 사내 회의에서는 쓸 수 있지만, 공식적이며 서로 잘 모르는 사람들도 참석하는 자리에서 쓰기에는 적절하지 않다.

Now let us discuss this case.

▶ 단축형이 아닌 let us를 쓰는 것만으로도 격식 있고 전문적인 분위기를 풍길 수 있다. 회사 밖에서 하는 회의 같은 공식적인 자리에 어울리는 표현이다.

마지막으로, 무심코 썼다가는 업무 능력이 부족한 사람처럼 보일 수 있는 '피해야 할 축약형 리스트'를 덧붙였으니 꼭 참고하세요.

〈피해야 할 축약형 리스트〉

- [ ] ✗ **ain't**
  - ◯ **am not / are not / is not / have not / has not**

- [ ] ✗ **would've / should've / could've / must've**
  - ◯ **would have / should have / could have / must have**

- [ ] ✗ **I'd've**
  - ◯ **I would have**

- [ ] ✗ **I'd**
  - ◯ **I had**

✗ there's
○ there is / was

✗ there're
○ there are / were

✗ what're / when're / where're / why're
○ what are / when are / where are / why are

✗ what'd / when'd / where'd / why'd / who'd / how'd
○ what would / when would / where would / why would / who would / how would

03
시제로 정중함을 나타낸다

과거형으로 정중하게 표현한다

정중함을 나타내는 많은 영어 표현에는 공통된 법칙이 있습니다. 그중 하나가 바로 **과거형을 쓴다**는 점입니다. 즉 시제를 과거형으로 쓰면 정중한 표현을 만들 수 있습니다.

예를 들어 다음과 같은 두 개의 문장이 있습니다. 일부러 해석은 쓰지 않았습니다. 영어만 보고 판단해보세요. 어느 쪽이 더 정중하게 들릴까요?

A. **Can you say it again?**
B. **Could you say it again?**

정답은 B입니다.

A는 '한 번 더 말해줄래요?'라는 뉘앙스라면, B는 '가능하다면 한 번 더 말씀해주시겠어요?'와 같은 느낌입니다. B가 더 정중하게 들리지요.

A와 B의 차이는 밑줄 친 부분, can과 could라는 조동사의 시제뿐입니다. 그 밖의 다른 부분은 동일하므로 전하는 메시지의 '정중한 정도'만이 다

릅니다. 이처럼 영어에서는 시제를 과거형으로 쓰기만 해도 정중함이 더해집니다.

그 이유를 간단히 설명하겠습니다. 영어의 과거형은 두 가지를 표현할 수 있습니다.

① 시간적 거리
② 심리적 거리

과거형을 쓴 문장이 정중하게 들리는 이유는 ② 심리적 거리를 느끼게 하기 때문입니다. 바꿔 말하면 상대방과 심리적 거리를 둠으로써 표현이 간접적으로 느껴지고, 그 결과 정중하게 들리는 것입니다.

정중함을 나타내는 것은 조동사만이 아니다

'정중한 영어 표현은 시제가 과거형'이라는 법칙은 can과 could와 같은 조동사를 쓰는 부탁이나 제안을 나타내는 문장에서 자주 활용됩니다.

예를 들어볼까요?

✕ Will you close the door?
(문 좀 닫아줄래요?)

◯ Would you close the door?
(문 좀 닫아주시겠어요?)

두 번째 문장이 정중하다는 사실은 이미 알고 있겠지요?

하지만 비원어민이 잘 모르는 것은 조동사 이외의 동사를 과거시제로 만들어 정중한 영어 표현을 만드는 방법입니다.

이 방법을 알고 있으면, 어려운 단어나 구문을 몰라도 정중한 표현을 완성할 수 있습니다.

표현을 정중하게 만드는 두 가지 패턴

그럼 자주 쓰이는 두 가지 패턴을 소개하겠습니다.

패턴 1 〈주어＋술어〉

이 패턴은 문장에 주어와 술어가 하나씩 들어 있는 형식입니다.

가령 며칠 전 이사를 도와준 친구에게 다시 한 번 감사 인사를 하고 싶을 때, 이렇게 말하면 어떨까요?

⚠ **I want to let you know that I really appreciate your help.**
(도와줘서 정말 고마워한다는 것을 알려주고 싶어.)

이렇게 말해도 의미는 통합니다. 하지만 약간 직접적인 느낌이 들지요. 그 이유는 단순합니다. 현재형 want가 쓰였기 때문입니다.

정중한 표현으로 바꾸고 싶다면, 현재형 대신 과거형을 써보세요.

⭕ I just wanted to let you know that I really appreciate your help.

(도와줘서 정말 고마워한다는 것을 그저 알려주고 싶었을 뿐이야.)

시제만 과거형으로 바꿨을 뿐인데, 표현이 훨씬 더 부드러워졌습니다. 또 just를 넣어, 내내 감사 인사를 하고 싶었다는 마음을 부담스럽지 않고 자연스럽게 드러내고 있지요. 시제만 과거형으로 바꿨는데 말이죠.

이어서 이번에는 의문문으로 된 예문을 살펴보겠습니다.

여러분은 의류매장의 점원입니다. 외국인 손님이 가게 안을 둘러보고 있습니다. 이럴 때 정중하고 세련된 영어를 구사하는 점원은 어떻게 말을 걸까요?

Are you looking for something?

(찾으시는 물건이 있나요?)

▶ 현재형 are를 써서 표현이 직접적이다. 손님에게 쓰는 표현으로는 조금 예의 없는 느낌이 든다.

⭕ Were you looking for something in particular?

(특별히 뭔가 찾으시는 물건이 있나요?)

▶ 과거형 were를 써서 표현이 간접적이며 정중하게 들린다. in particular(특별히)를 덧붙여 상대방이 구체적으로 답하기 편하도록 유도하고 있다. 그 결과 손님에게 쓰기에 적절한, 예의 있고 섬세한 표현이 완성되었다.

패턴1을 두 번 반복해서 쓰는 형식으로, 응용 패턴이라고 할 수 있습니다.

예를 들어 일하다 잠시 쉬는 시간에 커피를 사러 카페에 갔다고 가정해볼까요? 카페에 도착했을 때 지갑을 사무실에 두고 온 사실을 깨달았습니다. 함께 있는 동료에게 돈을 빌려달라고 부탁하고 싶을 때, 어떻게 말하는 것이 더 정중하게 들릴까요?

△ I **wonder** if you **can** lend me some money.

(저에게 돈을 좀 빌려줄 수 있는지 궁금해요.)

▶ 뜻은 통하지만, 시제가 현재형이라서 꽤 직접적으로 들린다. 어쩔 수 없이 돈을 빌리게 되어 미안해하는 마음이 전해지지 않는다.

○ I **was wondering** if you **could** lend me some money.

(저에게 돈을 좀 빌려주실 수 있는지 생각하고 있었어요.)

▶ 과거형에 진행형인 -ing를 쓰고 있어 상당히 완곡하고 정중하게 들린다.

함께 연습해두면 유용하게 쓸 수 있는 예문을 하나 더 보겠습니다.

여러분에게 여러모로 도움을 주고 있는 사람이 와인을 좋아하기로 유명하다고 가정해 보겠습니다. 그에게 맛있는 와인을 선물할 때 어떻게 말하면 좋을까요?

△ I think you will like this.

(당신이 이것을 좋아할 거라고 생각해요.)

▸ 상대방이 반드시 좋아하리라고 자신만만하게 확신하는 느낌이 든다. 공식적인 상황에서 쓰면 강요하는 것처럼 들릴 수 있다.

○ I thought you might like this.

(당신이 이것을 좋아할지도 모른다는 생각이 들었어요.)

▸ think의 과거형 thought를 쓰고 '반드시 ~할 것이다'라는 뉘앙스의 조동사 will을 과거형 would로 바꾸면, 조심스러운 느낌이 든다. 게다가 would 대신 조동사 may의 과거형 might(어쩌면 ~할지도 모른다)를 써서 더욱 신중하고 공손한 표현이 되었다.

어떠세요? 단지 시제만 과거형으로 바꿔도 직설적인 표현은 정중하게, 정중한 표현은 한층 더 정중하게 변합니다.

04
for you로 따뜻함을 표현한다

따뜻함을 표현하는 두 단어

단 두 단어, 게다가 아주 간단한 말임에도 순식간에 상대방을 행복하게 만들 수 있는 말이 있습니다. 그것은 바로,

for you
(당신을 위해)

입니다.

이 말을 들으면 왠지 고맙다는 말을 하고 싶지 않나요? 어쩐지 기분도 좋아지고, 자연스럽게 상대방에게 관심을 기울이게 됩니다.

이 말에는 상대방에 대한 따뜻함, 특별함, 그리고 애정이 담겨 있습니다.

보통은 멋쩍어서 말로 표현하기 힘든 마음도 for you를 쓰면, 산뜻하게 전할 수 있습니다. 게다가 활용 방법도 아주 간단하지요.

for you를 문장 끝에 덧붙인다.

정말 쉽지 않나요? 이렇게만 해도 자연스러우면서도 확실하게 따뜻함을 표현할 수 있습니다.

for you가 있는지 없는지에 따라 같은 내용이라도 전달되는 느낌이 다릅니다. 그 점을 이해하기 위해 다음 두 문장을 살펴보겠습니다.

A. **I can do that.**

(제가 그 일을 할 수 있어요.)

B. **I can do that for you.**

(제가 당신을 위해 그 일을 할 수 있어요.)

어떠세요? 내용은 같지만, 메시지가 주는 느낌이 꽤 다르다는 것이 느껴지지 않나요?

어느 쪽에서 따뜻함이 느껴지나요? 고민할 필요도 없이 B입니다. 상대방을 소중히 생각하며, 상대방에게 도움을 주고 싶다는 마음이 전해집니다. 그 이유는 단 두 단어, for you가 쓰였기 때문입니다.

만약 여러분이 이제까지 for you의 힘을 몰랐다면, 지금 이 순간부터 실제로 써보면서 꼭 그 효과를 체험해보기를 바랍니다.

바로 활용할 수 있는 따뜻함을 표현하는 구문

그럼 for you의 효과적인 사용법을 소개하겠습니다.

for you의 힘이 최대한 발휘될 때가 있습니다. 바로 <mark>상대방에게 도움이</mark> <mark>될 만한 행동을 할 때</mark>입니다.

즉 아무리 for you를 쓰더라도 자신의 행동이 상대방에게 도움이 되지 않는다면, 그 효과는 발휘될 수 없겠지요. 중요한 점은, <mark>상대방의 입장을 생</mark> <mark>각하고, 상대방에게 도움이 된다는 사실을 전하는 것</mark>입니다.

여기서는 중학교 수준의 영어로도 충분히 표현할 수 있는 다섯 가지 구문을 준비했습니다. 이 구문들만 알고 있으면, for you의 효과를 충분히 느낄 수 있을 것입니다.

따뜻함을 표현하는 구문 1

I can ~ for you.

(~을 해드릴 수 있어요.)

곤란한 상황에 처한 사람을 보고 무턱대고 도와줄 것이 아니라, 상대방이 정말로 도움을 원하는지 확인한 뒤 손을 내미는 것이 세련된 사람의 매너입니다. 이 구문은 상대방에게 손을 내밀기 전에 건네는 말로 매우 유용합니다.

가령 무거운 짐을 들고 걸어가는 사람이 있어 봤더니, 옆 부서에서 일하는 리사였습니다. "Hey, Lisa!"라고 인사한 뒤, 〈I can ~ for you〉 구문을 활용하여 어떻게 말을 걸 수 있을까요?

I can carry that.

(내가 그것을 들어줄 수 있어요.)

▶ 단순히 짐을 들어줄 수 있다는 자신의 능력을 설명하는 말에 지나지 않는다. 갑자기 이런 말을 들으면, '부탁한 적도 없는데……'라며 상대방이 오히려 불편해할 가능성도 있다.

I can carry that for you.

((당신을 위해) 내가 그것을 들어줄 수 있어요.)

▶ 단번에 상대방의 입장을 생각하는 표현으로 바뀌었다. 상대방을 돕고 싶다는 따뜻함이 전해진다.

이런 말을 할 때는 밝은 어조로 해보세요. 상대방이 이 제안을 받아들이 건 않건 간에, for you를 덧붙인 것만으로도 상대방은 고마운 마음이 들 것입니다.

따뜻함을 표현하는 구문 2

I'll ~ for you.

(~을 해드리겠습니다.)

구문1을 응용한 표현입니다. can을 will로만 바꿨고, 상대방이 도움을 원하는 것이 거의 확실할 때 쓸 수 있습니다.

예를 들어 손님이 "이 상품의 재고가 있나요?"라고 물었을 때, 컴퓨터로 재고를 확인하기 전에 〈I'll ~ for you.〉 구문을 활용하여 이렇게 말할 수 있습니다.

I'll look it up.

(제가 찾아보겠습니다.)

＊look up ~ : ~을 찾아보다

▶ 자칫하면 고압적으로 들릴 수 있다. 적어도 손님에게 쓰기에는 세련된 표현이라고 말하기 어렵다.

⭕ I'll look it up for you.

((당신을 위해) 제가 찾아봐드리겠습니다.)

▶ 단번에 상대방의 입장을 생각하는 표현으로 바뀌었다. 상대방을 돕고 싶다는 따뜻함이 전해진다.

전하는 내용은 같지만, for you만 덧붙여도 손님에게 쓰기에 적합한 세련된 표현이 됩니다.

따뜻함을 표현하는 구문 3

Shall I ~ for you?

(~을 해드릴까요?)

상대방을 돕겠다고 제안할 때 쓰는 대표적인 구문입니다. 이 문장에도 for you는 꼭 필요합니다.

아름다운 경치 앞에서 사진 찍을 장소를 상의하고 있는 연인이 있습니다. 〈Shall I ~ for you?〉 구문을 활용하여, "제가 두 분의 사진을 찍어드릴까요?"라는 말을 하고 싶다면, 어떻게 표현하면 좋을까요?

✕ Shall I take a picture of you two?

(제가 두 분의 사진을 찍을까요?)

▶ 호의는 전해지겠지만, 누구의 카메라 혹은 핸드폰으로 누구를 찍는 것인지 불분명하다. 상대방이 불쾌해할 가능성도 있다.

⭕ Shall I take a picture of you two for you?

((당신들을 위해) 제가 두 분의 사진을 찍어드릴까요?)

▶ 단번에 상대방의 입장을 생각하는 표현으로 바뀌었다. 상대방을 돕고 싶다는 따뜻함이 전해진다.

따뜻함을 표현하는 구문 4

Here/This is ~ for you.

(이것은 (당신을 위한) ~입니다.)

상대방에게 도움이 되는 정보나 물건 등을 제공할 때 자주 쓰는 구문입니다.

이를테면 신제품에 흥미를 보이는 손님에게 상세한 정보가 적혀 있는 팸플릿을 건넬 때, 〈Here/This is ~ for you.〉 구문을 활용하여 이렇게 말할 수 있습니다.

Here/This is a *brochure.

(여기 팸플릿입니다.)

＊brochure: 팸플릿, 소책자

▶ 악의가 없더라도 퉁명스럽게 들릴 수 있다. 손님에게 쓰는 표현으로는 적합하지 않다.

⭕ Here/This is a brochure for you.

(이것이 (당신을 위한) 팸플릿입니다.)

▶ 손님에게 쓰는 표현으로 적합하다. 이런 말을 들은 상대방은 고마운 생각이 들 것이다.

아주 사소한 차이지만, 단 두 단어로 눈앞에 있는 사람에게 특별하다는 느낌을 줄 수 있습니다.

따뜻함을 표현하는 구문 5

I've ~ just for you.

(당신만을 위해 ~을 했습니다.)

마지막 표현은 구문1~4를 응용한 표현입니다. for you에 just를 붙여 따뜻함을 표현하고 있습니다. 이 구문을 자연스럽게 활용할 수 있는 상황은 꽤 친밀한 사람에게 특별함을 연출할 때입니다.

가령 여러분의 소중한 사람이 늦게 퇴근하여 집에 왔을 때 이렇게 말할 수 있겠지요.

I've saved some dinner just for you.

(당신만을 위해 저녁 식사를 약간 남겨뒀어요.)

만약 just for you가 없다면 이런 문장이 됩니다.

I've saved some dinner.

(저녁 식사를 약간 남겨뒀어요.)

물론 문법상의 오류는 없습니다. 하지만 여러분의 애정이 상대방에게 확실하게 전달되는 쪽은 당연히 just for you가 들어간 문장입니다.

for you를 효과적으로 활용하여 따뜻함을 전하면, 다양한 상황에서 다양한 사람들이 여러분의 말과 행동을 호의적으로 받아들일 것입니다.

그 사람들은 여러분의 소중한 가족이나 친구 혹은 연인일지도 모릅니다. 어쩌면 직장 동료나 고객일 수도 있겠지요. 지금까지 여러분에게 껄끄러운 감정을 품고 있던 사람들도 여러분의 편이 되어줄지도 모릅니다.

앞에서 소개한 다섯 가지 구문을 활용하여 그런 기분 좋은 순간을 꼭 체험해보기를 바랍니다.

05
'작은 표현'을 활용하여
진심을 전한다

부드러운 인상을 주는 간단한 표현

그저 덧붙이기만 하면 우리의 마음을 놀라울 정도로 잘 전해주는 표현들이 있습니다. 저는 그것을 '작은 표현'이라고 부릅니다.

이런 표현들이 있습니다.

- ☐ **a bit**
- ☐ **a little**
- ☐ **just**
- ☐ **really**
- ☐ **quite**
- ☐ **slight**
- ☐ **one or two**
- ☐ **kind of**

모두 중학교 수준의 영단어입니다. 하지만 어떻게 쓰는지에 따라 진심을 전할 수 있는 **마법의 표현**이 됩니다.

'작은 표현'이 지닌 큰 힘

이러한 표현에 숨겨진 힘을 알아보기 위해, 먼저 다음 두 문장을 비교해보겠습니다.

A. **Can you come earlier?**

(더 일찍 오실 수 있나요?)

B. **Can you come a bit earlier?**

(조금만 더 일찍 오실 수 있나요?)

하고 싶은 말은 둘 다 '더 빨리 와주기를 바란다'입니다. 하지만 표현 방법이 조금 다르지요.

A는 하고 싶은 말을 그대로 전하고 있습니다. 그래서 상대방의 사정을 고려하지 않은, 자기중심적인 인상을 주지요.

반면 B는 하고 싶은 말을 살짝 얼버무리듯 전하고 있습니다. 그래서 A에 비해 완곡한 느낌이 들지요.

A와 B의 차이는 a bit을 쓰고 있는지 아닌지, 그뿐입니다.

단지 그 차이만으로 상대방에게 주는 인상이 꽤 달라집니다. 계속해서 이런 상황도 생각해볼까요?

해외 출장지의 음식점에서 따뜻한 요리를 주문했는데, 음식이 식은 상태로 나왔습니다. 이 상황에서 여러분이 하고 싶은 말은, 음식이 차가우니 따뜻한 음식을 다시 가져다 달라는 것입니다. 여러분의 진심이 더 잘 전달될 수 있는 표현은 어느 쪽일까요?

A. **The meal is cold.**
(음식이 차가워요.)

B. **The meal is a little cold.**
(음식이 조금 차가운데요.)

A는 하고 싶은 말을 그대로 내뱉고 있습니다. 조금 거만한 인상을 줄 수도 있고, 상황에 따라서는 오히려 상대방을 화나게 할 수도 있습니다. 여러분의 불만에 대한 적절한 대처가 이루어지지 않을지도 모릅니다.

반면 B는 정말 하고 싶은 말의 20퍼센트 정도는 중화하여 말하고 있습니다. 그러면 '진심으로 하고 싶은 말'과 '실제로 하는 말'에 차이가 생기지요. 그 차이가 마법을 부립니다. 상대방은 그 차이에 반응하여 이렇게 생각합니다.

'조금이 아니겠지. 많이 차가울 거야!'

그리고 서둘러 주방으로 가서 재빨리 따뜻한 음식을 내오는, 기분 좋은 결말로 이어질 것입니다.

그래서 이런 표현을 쓰면, 다음과 같은 일이 일어납니다.

● '작은 표현'의 연쇄적 효과

① '진심으로 하고 싶은 말'과 '실제로 하는 말'에 차이가 생긴다.

② 상대방이 그 차이에 반응한다.

③ '진심으로 하고 싶은 말'이 전해진다.

간단한 표현 하나가 이런 훌륭한 일을 깔끔하게 해냅니다.

부정적인 말도 현명하게 전하는 표현

분명 a bit이나 a little에는 동사 같은 주연급의 존재감은 없습니다. 하지만 적절하게 쓰면, **주연급의 역할**을 해줍니다. 즉 진심으로 하고 싶은 말을 자연스럽고도 정확하게 전할 수 있습니다.

이제 이러한 표현이 있는지 없는지에 따라 상대방에게 주는 인상이 크게 달라진다는 점을 이해했겠지요?

그럼 실제로 구체적인 상황 설정을 통해 '작은 표현'의 활용법을 연습해 볼까요?

면세점에서 쇼핑을 하고 있는데 점원이 고가의 시계를 권했습니다. 멋지긴 했지만, 예산을 많이 초과하는 가격이었습니다. '작은 표현'을 활용하여 점원에게 상황을 설명하세요.

 ## It's over my budget.
(예산을 초과하네요.)

▶ 정말 하고 싶은 말을 그대로 전하고 있다. 자칫하면 퉁명스럽게 들릴 수 있다.

It's a little over my budget.
(예산을 살짝 초과하네요.)

▶ a little을 첨가하여 완곡하게 표현했다.

정말 하고 싶은 말은 '너무 비싸서 살 수 없다'입니다. 하지만 그대로 직접적으로 말하면, 상대방이 민망할 수 있겠지요. 그럴 때 a little을 쓰면, 자연스럽고도 정확하게 하고 싶은 말을 전할 수 있습니다. 이것이 매너 있는 대화법이지요.

직장 동료가 점심 메뉴로 피자를 제안합니다. 그러나 솔직히 당신은 오늘 피자를 먹고 싶은 기분이 아닙니다. '작은 표현'을 활용하여 자신의 기분을 표현하세요.

 I don't feel like pizza.

(피자를 먹고 싶은 기분이 아니에요.)

▶ 하고 싶은 말을 문자 그대로 전하고 있다. 자칫하면 퉁명스럽게 들릴 수 있다.

◯ **I don't really feel like pizza.**

(피자를 그렇게 먹고 싶은 기분은 아니에요.)

▶ really를 첨가하여 완곡하게 표현했다.

두 문장 모두 '피자를 먹고 싶지 않다'라는 의미는 동일합니다. 하지만 really를 첨가한 것만으로 상대방에게 주는 인상이 확 달라집니다. really가 don't라는 부정어와 결합하여 부정의 정도를 '중화'해주기 때문입니다. 점심 메뉴를 제안한 상대방의 기분을 상하게 하지 않는 매너 있는 답변이 완성됐네요.

착오가 생겨 프로젝트 진행이 늦어지게 되었습니다. '작은 표현'을 활용하여 고객에게 상황을 설명하세요.

 ## There is a delay in the project.

(프로젝트가 늦어지게 되었습니다.)

▶ 하고 싶은 말을 문자 그대로 전하고 있다. 상대방을 필요 이상으로 불안하게 만들 가능성이 있다.

There is a slight delay in the project.

(프로젝트가 조금 늦어지게 되었습니다.)

▶ slight를 첨가하여 완곡하게 표현했다.

이 문장에서는 a bit이나 a little 대신 전문적인 인상을 풍기는 slight를 썼습니다. a slight delay(약간의 지연)는 자주 쓰는 표현이므로, 통째로 외워두면 좋습니다.

이러한 표현을 쓰면 부정적인 메시지라도 상대방을 필요 이상으로 불안하게 만들지 않고, 현명하게 상황을 설명할 수 있습니다.

이 기술은 일반적인 영어 회화에서는 당연한 듯이 쓰이고 있지만, 학교에서는 거의 가르치지 않습니다. 비원어민도 지금 바로 쓸 수 있는 간단한 기술이니, 꼭 실전에서 활용해보세요.

06
단정적인 표현을 현명하게 쓰면 신뢰를 얻는다

불신으로 이어지는 단정적인 표현

아무리 사실일지라도 과하게 쓰면 말의 신빙성을 떨어뜨리기 때문에, 주의해야 할 표현이 있습니다.

그것은 바로, '단정적인 표현'입니다. 단정적인 표현의 대표 선수들을 살펴볼까요?

- **all**   모든, 모두
- **always**   항상, 언제나
- **every**   어느 ~도 모두, 모든
- **everyone/everybody**   누구나, 모든 사람
- **everything**   모든 것, 모두
- **everytime**   항상, 언제나
- **everywhere**   어디든지
- **never**   결코 ~않다

☐ **no one/nobody**   아무도 ~않다

☐ **no**   전혀 ~않다

☐ **none**   아무도(조금도) ~않다

☐ **nothing**   아무것도 ~않다

☐ **nowhere**   어디에도 ~않다

모두 중학교 수준의 영단어입니다. 꽤 익숙해서 쉽게 쓸 수 있는 표현이기도 하지요. 하지만 잠시 생각해볼 문제가 있습니다. 바로 '단정적인 표현의 단점'입니다.

예를 들어 이런 말을 들으면 여러분은 어떤 기분이 드나요?

✕ You are always late!

(너는 항상 늦어!)

▶ 이런 말을 들으면, 평소 온화한 성격의 사람이라도 화날 수 있다.

✕ All Korean people like spicy food.

(모든 한국인은 매운 음식을 좋아한다.)

▶ 사실이 아니다.

특히 자신과 무관한 사람이나 사실에 대해 말할 때, 위의 문장처럼 단정적인 표현을 쓰면 듣는 사람의 머릿속에는 이런 경보 장치가 울립니다.

'정말일까……?'

'너무 일방적으로 단정 짓는 것이 아닐까?'

세상에는 '흑 아니면 백'으로 단정 지을 수 있는 일이 그다지 많지 않다는 사실을 모두 잘 알고 있기 때문입니다.

The world is not always as it seems.
(세상은 항상 보이는 것과 같지는 않다.)

영어에서는 이런 식으로 말합니다. 사람들은 대부분 세상사가 그렇게 단순하지 않다는 사실을 알고 있습니다. 그러니 혹 아니면 백이라는 식의 단정적인 표현을 쓰는 것은 꽤 큰 위험을 안고 있지요.

단정적인 표현을 현명하게 쓰는 법
하지만 반대로 생각하면, 그 위험성을 역으로 이용할 수도 있습니다. 즉 단정적인 표현을 현명하게 쓰면, 영어 회화에서도 자신이 사려 깊은 사람이라는 점을 제대로 어필할 수 있습니다.

위험성을 역이용한다고 하니, 꽤 정교한 기술이 필요하다고 생각할지도 모르겠습니다. 하지만 이 방법은 중학교 수준의 영어로도 가능합니다. 다음에 소개하는 방법만 알면 누구든 할 수 있습니다.

● **단정적인 표현을 현명하게 쓰는 방법**

① 〈Not+단정적인 표현〉으로 이야기를 시작한다.
⬇
② But으로 말을 이어나간다.
⬇
③ 〈빈도·정도를 나타내는 말〉을 고른다.
⬇
④ 하고 싶은 말을 한 문장으로 정리한다.

예를 들어볼까요?

Not always, but you are sometimes late.

(항상은 아니지만, 너는 가끔 늦어.)

Not everyone, but many Korean people like spicy food.

(모두는 아니지만, 많은 한국인은 매운 음식을 좋아한다.)

이 방법에서는 ③이 가장 중요합니다. 〈빈도·정도를 나타내는 말〉을 써서 단정을 피하는 것입니다. 자주 쓰는 표현들을 모아놨으니 적절한 말을 골라 실제로 써보세요.

단정적인 표현 중 하나인 always는 빈도·정도를 나타내는 말인 sometimes나 often으로 바꿔 말하면 됩니다.

☐ **sometimes**	때때로, 가끔
☐ **often**	자주
☐ **usually**	보통, 대개
☐ **generally**	일반적으로
☐ **some**	몇몇의, 몇 명의
☐ **few/little**	거의 없는
☐ **many/much**	많은
☐ **most**	대다수의

그럼 앞에서 언급한 방법에 따라 단정적인 표현을 현명하게 쓰는 법을 함께 연습해봅시다.

연습 ───────────────────────────────

Everyone knows that.(모든 사람은 그 사실을 알고 있다.)에서 단정적인 표현 everyone을 현명하게 바꿔 말해보세요.

───

① 〈Not + 단정적인 표현〉으로 이야기를 시작한다.

Not everyone ~

② But으로 말을 이어나간다.

Not everyone, but ~

③ 〈빈도·정도를 나타내는 말〉을 고른다.

▶ 다음 표현 중에서 고르세요.

Not everyone, but many / most / some people ~.

(모든 사람은 아니지만, 많은/대다수의/몇몇 사람들은 ~.)

④ 하고 싶은 말을 한 문장으로 정리한다.

▶ 이렇게 정리할 수 있겠네요.

Not everyone, but many / most / some people know that.

(모든 사람은 아니지만, 많은/대다수의/몇몇 사람들은 그 사실을 알고 있다.)

이렇게 말하면 듣는 사람의 머릿속에서 경보 장치가 울리지 않겠지요. 이야기의 신빙성도 잃지 않고요. 그리고 여러분은 상대방의 신뢰를 얻을 수 있습니다.

07
사과보다 감사 인사로
긍정적인 사고를 기른다

사과하기보다 감사를 표현한다

평온한 휴일 오후. 친구와 만나기로 한 약속 장소에 5분 늦게 도착했습니다. 일찍 와서 자신을 기다려준 친구에게 가장 먼저 뭐라고 말하면 좋을까요?

A. **늦어서 정말 미안해.**

B. **기다려줘서 정말 고마워.**

A처럼 말한다고 해서 화를 내는 친구는 없겠지요. 지각한 점에 대해 사과하고 있으니까요. 하지만 B를 듣고 화를 내는 사람도 없을 것입니다. 다만 둘 중 어느 쪽이 두 사람의 관계를 더 원만하게 만들지 물어보면, B라고 답하는 사람이 많지 않을까요?

사실 평소보다 여유로운 휴일의 5분은 정신없이 바쁜 평일의 5분과 다릅니다. 5분 늦었다고 A처럼 정중하게 사과하면, 오히려 상대방이 멋쩍어할지도 모릅니다.

이럴 때는 늦었다는 부정적 사실보다 기다려줬다는 긍정적 사실에 초점을 맞춰 말하는 편이 분위기를 어색하게 만들지 않고 서로 기분 좋은 대화를 시작하기에 좋습니다.

사과할 필요가 없다는 뜻이 아닙니다. 제가 말하고 싶은 바는 **때로는 '사과의 말'보다 '감사의 말'이 일을 더 순조롭게 진행시킬 수 있다는 점입니다.**

실제로 영어권 사람들과 이야기를 나누다보면, '동양인들은 군이 사과할 필요가 없는 일에도 사과한다'라는 말을 듣습니다. 그 말 속에 담긴 뜻은 이런 것이겠지요.

"너무 자주 사과하는 것은 좋지 않다. 상대방에게 부정적인 인상을 줄 수 있기 때문이다. 사람은 '사과의 말'보다 '감사의 말'에 더 긍정적으로 반응한다."

thank you로 긍정적인 사고를 기른다

사과를 자주 하는 동양인들의 이러한 경향은 영어의 sorry를 '미안하다'라는 말과 동일하게 여기기 때문인 것 같습니다.

만약 여러분도 그런 경향이 있는 것 같다면, 이제부터 영어로 말할 때는 sorry를 thank you로 바꿔 말해보세요.

가볍게 게임을 하는 느낌으로 연습해도 좋습니다. sorry라는 말이 나오려고 할 때마다 thank you로 바꿔 말할 수는 없는지 생각해보세요. 대화에서든 메일에서든 영어를 쓸 때는 항상 아무도 모르게 혼자서 게임을 한다고 생각하세요.

그러다 보면 sorry라고 말하는 횟수가 점점 줄어들 것입니다. 한층 더 자연스러운 영어를 구사하는 자신을 발견할 수 있지요. 그리고 자신의 사고 회로까지 변하는 것을 느낄 수 있습니다.

sorry를 thank you로 계속 바꿔 말하면, 긍정적인 사고가 몸에 배게 됩니다. 긍정적인 사고는 세상을 긍정적인 관점으로 바라보는 사고력을 뜻합니다.

긍정적인 사고는 세련된 영어 회화를 위해 꼭 필요한 사고 회로입니다.

역설적으로 들릴지도 모르겠으나, 긍정적인 말을 자주 쓰면 긍정적인 사고를 할 수 있게 됩니다. 그리고 긍정적인 말은 세련된 대화를 가능하게 하는 중요한 열쇠이기도 하지요.

sorry를 thank you로 바꿔 말하는 게임을 반복하기만 해도 여러분은 긍정적인 사고 회로를 얻을 수 있습니다.

그럼 지금부터 저와 함께 긍정적인 사고를 기르기 위한 게임을 시작해볼까요?

　　정신없이 바쁜 와중에도 짬을 내어 업무에 관한 상담에 응해준 상사에게 '긍정적인 사고'를 보여주는 말을 해보세요.

✕ I'm sorry for taking your time.

(시간을 뺏어서 죄송합니다.)

▶ 굳이 사과할 필요가 없는 상황에서 사과하고 있다.

◯ Thank you very much.

(정말 고맙습니다.)

▶ 긍정적인 표현에 호감이 생긴다. 이런 감사 인사를 받으면, 상대방도 이야기를 들어준 보람을 느낄 것이다. 상대방의 시간과 선의를 가치 있게 만든다.

해외여행지에서 친절하게 길을 가르쳐준 사람에게 '긍정적인 사고'를 보여주
는 말을 해보세요.

✕ I'm sorry for bothering you.

(귀찮게 해드려서 죄송합니다.)

▶ 굳이 사과할 필요가 없는 상황에서 사과하고 있다.

◯ Thank you for your help.

(도와주셔서 감사합니다.)

▶ 긍정적인 표현에 호감이 생긴다. 이런 감사 인사를 받으면, 상대방도 도와준 보람을 느낄
것이다. 상대방의 시간과 선의를 가치 있게 만든다.

하고 싶은 말을 영어로 표현하지 못해서 고전하고 있는 당신의 말을 끝까지 들어주고 격려해준 영어 회화 선생님에게 '긍정적인 사고'를 보여주는 말을 해 보세요.

✕ I'm sorry my English is poor.

(제 영어 실력이 부족해서 죄송합니다.)

▶ 필요 이상으로 자신을 비하하고 있는 느낌이 든다. 상대방에게 부정적인 인상을 준다.

◯ Thank you for your patience.

(인내해 주셔서 감사합니다.)

▶ 긍정적인 표현에 호감이 생긴다. 이런 감사 인사를 받으면, 상대방도 이야기를 들어준 보람을 느낄 것이다. 상대방의 시간과 선의를 가치 있게 만든다.

최근 애인과 싸우는 일이 잦아졌습니다. 애인에 대한 불평을 들어준 친구에 게 '긍정적인 사고'를 보여주는 말을 해보세요.

✕ Sorry I'm just complaining.

(미안해, 그냥 불평 한번 해봤어.)

▶ 이런 사과의 말을 들으면, 시간과 에너지를 허비했다는 생각이 들 것이다. 상대방의 시간 과 선의를 가치 없게 만든다.

◯ Thank you for listening.

(이야기를 들어줘서 고마워.)

▶ 긍정적인 표현에 호감이 생긴다. 이런 감사 인사를 받으면, 상대방도 이야기를 들어준 보 람을 느낄 것이다. 상대방의 시간과 선의를 가치 있게 만든다.

지금까지 여러분은 네 가지 게임을 해봤습니다. 긍정적인 사고를 위한 엔진은 이미 가동되기 시작했습니다. 이제, 직접 실천해보고 확실하게 자 신의 기술로 만드는 일만 남았습니다.

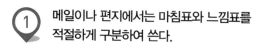

3장 정리노트

1 메일이나 편지에서는 마침표와 느낌표를 적절하게 구분하여 쓴다.

2 축약형을 피하면 격식 있는 분위기를 연출할 수 있다.

3 원어민은 시제로 정중함을 나타낸다.

4 for you로 사랑의 힘을 표현한다.

5 '작은 표현'이 가지는 큰 힘을 무시해서는 안 된다.

6 단정적인 표현을 현명하게 쓰면, 위험성을 신뢰성으로 바꿀 수 있다.

7 긍정적인 사고는 sorry를 thank you로 바꾸는 일에서 시작된다.

4장

중학교 영어로도 충분한
세련된 회화 비결

01

액티브 리스닝으로
약점을 강점으로 바꾼다

듣고 말한다

"영어로는 대화를 이어나가지 못하겠어."

"내 영어 실력에 자신이 없어."

"난 원래 말을 잘 못해."

이런 고민을 안고 있는 사람일수록 꼭 익혀둬야 할 대화의 기술이 있습니다. 바로 '액티브 리스닝active listening'이라는 방법입니다.

액티브 리스닝은 원래 상담 기법 중 하나로, 임상심리학자 칼 로저스가 제창한 듣기법입니다. 우리말로 '적극적 경청'이라고도 하지요.

액티브 리스닝의 기본 자세는 상대방의 말을 그저 막연하게 듣고 흘리는 것이 아니라 관심을 가지고 주의 깊게 듣는 태도입니다. 즉, '상대방의 입장이 되어 듣고 느끼며 이해하는 일'이지요. 이것이 액티브 리스닝이 지향하는 바입니다.

액티브 리스닝은 철저하게 '화자를 중시'하는 방법입니다. 효과적으로 활용하면, 상대방에게 다음과 같은 감정을 전할 수 있습니다.

'당신에 대해 알고 싶어요!'

'당신의 이야기를 듣고 싶어요!'

'당신을 이해하고 싶어요!'

'당신을 돕고 싶어요!'

자신의 이야기를 듣고 있는 사람에게서 이런 느낌을 받으면 누구라도 기분이 좋아지겠지요. 함께하는 시간이 즐거워 더 오래 이야기를 나누고 싶어질 것입니다. 다음 만남을 기대할지도 모르지요. 특별히 대단한 이야기를 해서가 아니라 그저 대화하고 있다는 사실만으로도 상당히 즐거울 것입니다. 액티브 리스닝에는 그런 긍정적인 감정을 유발하는 마법 같은 힘이 있습니다.

그 이유는 무엇일까요? 바로 말하는 사람이 이런 생각을 하게 만들기 때문입니다. '내 이야기는 들을 만한 가치가 있어!'='나는 이 사람에게 가치 있는 사람이야!'

이처럼 액티브 리스닝은 상대방의 이야기만이 아니라 그 사람의 존재 자체를 인정하는, 타인을 존중하는 최고의 방법입니다.

액티브 리스닝의 이점

이렇듯 화자를 중시하는 대화술을 효과적으로 활용하면 여러 이점을 얻을 수 있습니다.

☐ 이미 잘 알고 있는 상대는 물론, 만난 지 얼마 안 되는 사람과도 금세 마음의 거리를 좁힐 수 있다.

☐ 상대방과 긍정적인 관계를 쌓아나갈 수 있다.

☐ 상대방의 마음의 문을 열 수 있다.

☐ 공적으로든 사적으로든 긍정적인 인간 관계를 형성할 수 있다.

☐ 공적으로든 사적으로든 대인 관계에서 생기는 스트레스를 최소한으로 줄일 수 있다.

☐ 현재보다 더 행복한 미래를 보낼 수 있다.

어떠세요? 좋은 일만 생기는 것 같지 않나요?

사실 이 방법을 외국어 회화에서 쓰면, 상당한 효과를 얻을 수 있습니다. 액티브 리스닝은 굳이 말하기 위해 노력하지 않아도 됩니다. 오히려 애써서 말하지 않는 편이 더 효과적입니다.

액티브 리스닝에서 필요한 것은 말을 잘하거나 많이 하는 능력이 아니라, 상대방의 이야기에 흥미를 가지고 주의 깊게 경청하는 능력입니다. 다시 말해서 액티브 리스닝에서는 외국어를 유창하게 말하는 고도의 회화 실력이 크게 중요하지 않습니다.

이 사실은 저를 포함하여 영어를 외국어로 쓰고 있는 모든 사람에게 희소식이 아닐까요?. 액티브 리스닝에서는 비원어민이라는 사실이 약점이 아니라 강점이 됩니다.

그럼 액티브 리스닝의 열쇠라고도 할 수 있는 세 가지 원칙을 구체적으로 알아볼까요?

액티브 리스닝의 '3대 원칙'

이제부터는 간단하지만 즉각적인 효과를 얻을 수 있는, 액티브 리스닝의 구체적인 활용법에 관해 중점적으로 살펴보도록 하겠습니다.

원칙 1 온몸으로 듣는다

'당신에 대해 알고 싶어요!'

'당신의 이야기를 듣고 싶어요!'

'당신을 좋아해요!'

액티브 리스닝 기법을 이용하면 이런 강렬한 메시지를 쉽게 전할 수 있습니다. 말로만 하면 설득력이 떨어지겠지요. 말만으로는 진실성이 전해지지 않습니다.

상대방에게 하고 싶은 말을 명확하게 전하기 위해서는 말 이외의 방법, 즉 신체를 통해 자신의 의사를 표현하는 보디랭귀지(body language)를 활용할 필요가 있습니다.

하버드대학교 경영대학원에서 학생들을 가르치는 사회심리학자 에이미 커디는 자신의 저서, 《프레즌스Presence》에서 이렇게 말합니다.

If our emotions aren't reflected in our physical expressions, we don't feel real.

(만약 우리의 감정이 신체적 표현에 반영되지 않는다면, 우리는 진실하다고 느끼지 않는다.)

예를 들어 여러분이 말하고 있는데, 상대방이 눈앞에서 신문을 펼치고 있다면 어떨까요? 휴대전화 메시지를 확인하고 있거나 등을 돌리고 있다면 어떤 기분이 들까요? 상대방이 아무리 듣고 있다고 말하더라도 설득력이 없겠지요. 상대방이 자신을 소홀히 여긴다는 생각이 들 것입니다. 굉장히 무례한 행동이지요.

'당신의 이야기에 귀를 기울이고 있다', '더 많은 이야기를 듣고 싶다'라는 메시지는 말로만 하는 것이 아니라 온몸으로 표현해야 진실성이 느껴집니다.

'온몸으로 듣기'를 실천할 때 알아야 할 주요 사항을 체크리스트로 준비했습니다. 영어 회화를 할 때 다음 다섯 가지 사항만 의식해도 여러분의 말은 진실성을 얻어 설득력이 배가될 것입니다.

☐ 몸이 말하는 사람의 정면을 향하게 한다

온몸이 커다란 '레이더'라고 생각하세요. 여러분의 몸이 상대방의 정면을 향하고, 이야기를 듣는 데 집중하고 있는 그림을 떠올려보세요. 상대방에게 경청하고 있다는 느낌을 준다면 성공입니다.

☐ 몸을 살짝 앞으로 내민 상태에서 듣는다

몸을 앞으로 내밀면 '이야기에 푹 빠져 빨려 들어가는' 듯한 인상을 풍깁니다. 상대방의 말을 들을 때 이 동작을 그대로 실천해보세요. 굳이 말로 표현하지 않아도 상대방의 이야기에 흥미를 가지고 있다는 사실을 명확하게 전할 수 있습니다.

☐ 말하는 사람의 눈을 자연스럽게 바라본다

시선을 마주치는 행위, 즉 아이 콘택트eye contact를 말합니다. 하지만 상대방이 부담스러워할 정도로 계속 응시하지는 마세요. 상대방이 신경 쓰지 않도록 자연스럽게 해야 합니다.

☐ 적절한 타이밍에 고개를 끄덕인다

Chapter 2에서 적절한 타이밍에 고갯짓을 하는 방법에 대해 언급한 적이 있지요. 머리는 많이 움직이지 않고 상반신을 천천히 조금 뒤로 젖혔다가 다시 앞으로 돌아오는 느낌으로 고개를 끄덕이는 방법입니다. 가장 적절한 타이밍은 상대방의 설명이 일단락되었을 때입니다.(34쪽 참고)

☐ 상대방과 같은 행동을 한다

상대방이 즐거운 표정으로 이야기할 때는 자신도 즐거운 표정을 짓습니다. 상대방이 슬픈 얼굴로 이야기하면 자신도 슬픈 얼굴을 합니다.

상대방의 표정과 몸짓을 거울처럼 흉내 내는 이 방법은 심리학 용어로 '미러링mirroring(거울 기법)'이라고 합니다.

미러링을 효과적으로 활용하면, 적어도 두 가지 효과를 기대할 수 있습니다. 하나는 유사한 표현이나 행동으로 상대방에게 친밀감을 주는 것입니다. 다른 하나는 상대방의 이야기에 공감한다는 뜻을 나타내어 상대방이 더 많은 이야기를 하도록 유도하는 것입니다.

미러링을 쓸 때 꼭 기억해야 할 점이 있습니다. 반드시 자연스럽게 해야 합니다. 과하게 하여 부자연스러운 분위기를 연출하지 않도록 주의해야 합니다.

원칙 2 마음으로 듣는다

액티브 리스닝의 열쇠가 되는 또 다른 원칙은 '이야기를 하는 상대방의 감정을 헤아리면서 듣는 것'입니다. 그것을 저는 '마음으로 듣는다'라고 표현합니다.

마음으로 들을 때 꼭 알아둬야 할 점은 바로 '상대방의 기분을 대변하듯이 호응하기'입니다.

상대방의 기분을 대변하는 호응 표현에는 중학교 수준의 영어로도 구사할 수 있는 표현이 많습니다. 그중에서도 가장 쓰기 편리한 표현을 소개하겠습니다.

⟨That+동사+~⟩ 형태를 활용한 구문들입니다.

● That is ~

(그것은 ~이에요.)

- ## That sounds ~

  (그것은 ~인 것 같아요.)

- ## That must be ~

  (그것은 분명 ~일 거예요.)

- ## That must have been ~

  (그것은 분명 ~이었을 거예요.)

〈That+동사+~〉는 호응할 때 아주 유용하게 쓸 수 있습니다. 그 이유는 크게 세 가지입니다.

① 상대방의 이야기가 어떤 내용이든 모두 that으로 바꿔 말할 수 있다.

② 동사만 바꾸면 미묘하게 뉘앙스를 달리하여 호응할 수 있다.

③ 그 결과 적절한 타이밍에 적절한 호응을 할 수 있게 된다.

상대방의 기분을 대변하는 호응을 하고 싶다면, 먼저 이 활용도 높은 〈That+동사+~〉 구문을 집중적으로 연습해보세요. 여러 표현을 외우기보다 일단 이 구문만이라도 확실하게 익히겠다는 생각으로 연습하면, 호응이 훨씬 더 쉬워질 것입니다. 게다가 호응하고 싶을 때 일일이 생각하고 고민할 필요가 없습니다. 듣는 행위 자체에 집중할 수 있게 되지요.

〈That+동사+~〉 구문을 활용하는 법을 순서대로 설명하겠습니다. 기본 순서는 다음과 같이 두 단계로 이루어집니다.

---

① '~' 부분에 상대방의 기분을 대변하는 형용사를 넣는다.

↓

② 네 가지 동사(is/sounds/must be/must have been) 중에서 적절한 표현을 고른다.

실제 예문을 만들어보면 한결 이해하기 쉬울 테니 함께 연습해볼까요?

연습 ────────────────────────

상대방이 힘든 상황에 처한 이야기를 듣고, "그것 참 큰일이네요"라고 영어로 호응해보세요.

────────────────────────

① '~' 부분에 상대방의 기분을 대변하는 형용사를 넣는다.

누구나 알고 있는 hard라는 형용사로 상대방의 힘들고 괴로운 기분을 대변할 수 있다.

② 네 가지 동사(is/sounds/must be/must have been) 중에서 적절한 표현을 고른다.

직접적으로 상대방의 기분을 대변하는 단정적인 뉘앙스의 is를 선택한다.

①과 ②의 과정을 거치면 이런 문장이 완성됩니다.

That's hard.

(그것 참 큰일이네요.)

동사만 바꾸면 미묘하게 뉘앙스가 다른 호응 표현을 쉽게 만들 수 있습니다.

That sounds hard.

(그것 참 힘든 일인 것 같네요.)

That *must be hard.

(그것은 분명 힘든 일이겠군요.)

That **must have been hard.

(그것은 분명 힘든 일이었겠군요.)

▶ *must라는 조동사에는 '~해야 한다'라는 의무를 나타내는 뜻 외에도 '~임에 틀림없다'라는 강한 추측의 의미가 있습니다. 이 문장에서는 후자의 의미로 쓰였습니다.
▶ **must have been은 '분명 ~이었음에 틀림없다'라는 과거에 대한 강한 추측을 나타냅니다. [머스트 해브 빈]이 아니라 [머스빈]으로 발음합니다.

이야기 내용에 맞춰 적절한 형용사와 동사를 고르면, 상대방의 기분을 잘 대변할 수 있습니다.

마지막 원칙은 '머리로 듣는다'입니다. 이 말은 '상대방의 이야기를 머릿속에서 음미하면서 듣는다'라는 뜻입니다.

머리로 들을 때 유용한 방법이 있습니다. 바로 '리피트 기법'입니다. 리피트 기법이란 문자 그대로 상대방이 하는 이야기의 요점 부분을 반복해서 말하는 방법입니다. 이 방법을 쓰면, 이야기의 내용을 제대로 음미할 수 있을 뿐 아니라 집중하여 듣고 있다는 신호를 보낼 수 있어 상대방에게 안도감을 줄 수 있습니다.

예를 들어, 복도에서 마주친 부하 직원과 잠시 이야기를 나눈다고 가정해볼까요? "다음 주에 회의가 있지 않나?"라고 확인했더니, 그가 이렇게 말했습니다.

I've sent everyone reminders.

(모두에게 고지했습니다.)

이런 센스 있는 직원에게 리피트 기법을 활용하여 칭찬 한마디를 건네볼까요?

이렇게 말하면 완벽합니다.

You've already sent them reminders.
That's excellent.

(자네가 이미 사람들에게 상기시켜 줬군. 잘했네.)

02
No를 쓰지 않고 No라고 말한다

말하고 싶어도 말할 수 없는 No

"No라고 말하는 것은 유능한 사람에게 꼭 필요한 기술이다."

이것은 《에센셜리즘Essentialism》의 저자 그렉 맥커운의 말입니다. 경영 관리 연구의 일인자, 피터 드러커 교수도 자신의 저서에서 이렇게 말했습니다.

"Yes보다 No라고 말할 수 있는지 없는지에 따라 성과가 결정된다. 일을 잘하는 사람은 '그것은 내 일이 아니다'라고 말할 수 있는 사람이다."

(《자본주의 이후의 사회Post-Capitalist Society》)

그렉 맥커운이나 피터 드러커뿐만 아니라 이제까지 많은 사람이 No라고 말하는 행위의 이점과 중요성에 대해 언급했습니다. 그러나 막상 실행해보려고 해도 No라는 말은 상당히 꺼내기 힘든 것이 현실이지요. 그 이유는 우리가 '사회'라는 상호 관계로 얽혀진 망 안에서 살고 있기 때문입니다.

'거절해서 상대방을 실망시키고 싶지도 않고, 자신 역시 죄책감을 느끼고 싶지 않은' 마음은 사람이라면 누구나 가질 수 있는 자연스러운 감정입니다. 그래서 No라고 말하지 못하고, 결국 자기 능력 밖의 일정이나 업무에 쫓기게 되지요.

'계속 Yes라고 하기도 힘들지만, No라고 말해서 다른 사람의 미움을 받고 싶지도 않아….'

이런 딜레마에 빠질 때, 특히 영어로 대처해야 할 때 어떻게 하는 것이 좋을까요?

A. 남이 뭐라 하든 주눅 들지 않는 강인한 정신력을 기른다?
B. 대답을 얼버무려 그 자리를 피한다?
C. 시종일관 No를 외쳐 상대방의 말을 단호하게 거절한다?

안타깝지만 세 가지 모두 좋은 방법은 아닙니다.

영어권에서도 딱 잘라 No라고는 하지 않는다

사실 더 실용적이며 세련되고 성숙한 대처 방법이 있습니다. 바로 이것입니다.

"상대방의 입장이 되어 상대방이 주눅 들지 않게 말하는 법을 배운다."

더 구체적으로는 이렇게 말할 수 있습니다.

"No를 쓰지 않고 No라는 뜻을 전할 수 있는 표현을 익힌다."

이것은 영어권에서 세련되고 성숙한 사람들이 자주 쓰는 방법입니다.

'아니, 영어권 사람들은 분명하게 No라고 거절하지 않나?' 라는 의문을 품는 사람이 있을지도 모릅니다. 물론 그런 사람도 있습니다. 또 No라고 명확하게 말해야 하는 상황도 있지요. 하지만 일상적인 대화에서는 꼭 그렇지는 않습니다.

적어도 영어권의 세련되고 매너 있는 사람들이 No라는 한마디 말로 단호하게 거절하는 경우는 드뭅니다. 가능한 한 상대방의 기분을 해치지 않도록 No 이외의 표현을 구사하여 현명하게 거절하지요.

왠지 어렵게 느껴지나요?

그런 불안감이 피어오르는 사람들에게 확실하게 단언하겠습니다.

전혀 걱정할 필요 없습니다!

No를 쓰지 않고 No라고 말할 수 있는 방법은 중학교 수준의 영어로도 충분히 가능하기 때문입니다.

그럼 지금부터 중학교 수준의 영어로도 할 수 있는 세련된 거절 방법을 살펴볼까요?

No를 쓰지 않고 No라고 말하는 3단계

No를 쓰지 않고 No라는 뜻을 전하기 위해서는 세 단계로 이루어진 간단한 절차를 거쳐야 합니다.

단계 ① '쿠션 표현'을 쓴다
단계 ② 거절하는 이유를 간략하게 설명한다
단계 ③ 상대방이 말할 때까지 아무 말도 하지 않거나 대안을 제시한다

어떤 권유나 부탁도 이 3단계를 거치면, 상대방을 필요 이상으로 실망시키지 않고 현명하게 거절할 수 있습니다.

그럼 하나씩 자세하게 살펴보겠습니다.

No를 쓰지 않고 No라고 말하는 1단계 '쿠션 표현'을 쓴다

'거절'이라는 말은 원래 부정적인 어감을 띠고 있습니다. 뭔가를 권하거나 부탁하는 상대방에게 딱 잘라서 싫다고 말하면, 상대방이 충격을 받지 않을까요? 이럴 때는 충격을 완화해줄 수 있는 표현이 필요합니다. 저는 그런 표현을 '쿠션 표현'이라고 부릅니다. 일종의 '완곡어법'입니다.

사실 영어에는 여러 종류의 쿠션 표현이 있습니다. 그중에서 엄선하여 다섯 가지로 정리했습니다. 선정 기준은 두 가지, '①중학교 수준의 영단어로 구사할 수 있는가', '②응용 범위가 넓은가'입니다.

Thank you for asking.

▶ 매우 간단한 문장이지만, 거절할 때 활용하면 상대방이 좋은 기분을 느낄 수 있다!

예를 들어, 친구가 "이번 주 토요일에 바비큐 파티를 할 건데 올래?"라고 말합니다. 아쉽지만 그날은 이미 선약이 있어서 파티에 참석할 수 없습니다. 이럴 때 유용하게 쓸 수 있는 쿠션 표현이 바로 이것입니다.

Thank you for asking.

(물어봐줘서 고마워.)

이 표현의 최대 이점은 상대방이 '물어보기를 잘했구나'라고 생각하게 된다는 점입니다. 설령 상대방의 말에서 부정적인 뉘앙스를 느꼈더라도 고맙다고 말하면, 상대방은 좋은 감정을 느끼게 됩니다.

비교해볼까요?

✕ No, I can't.

(아니, 난 못 가.)

▶ 너무 단정적이라서 갑자기 이런 말을 들으면, 상대방이 머쓱해 할 수 있다.

◯ Thank you for asking.

(물어봐줘서 고마워.)

▶ 상대방이 '물어보기를 잘했구나'라고 생각할 것이다. 다음 기회를 기대할 수 있다.

That sounds 〈긍정적인 형용사〉**!**

▶ 긍정적인 단어를 쓰면, 부정적인 뉘앙스도 그다지 부정적으로 들리지 않는다.

권유나 부탁에 대한 긍정적인 감정을 전할 수 있는 쿠션 표현입니다.

That sounds 〈긍정적인 형용사〉**!**

(그것은 ~인 것 같네요!)

활용 방법은 아주 간단합니다. That sounds 바로 뒤에 형용사를 넣어 상대방의 권유나 부탁 내용에 관한 의견을 한마디 덧붙이기만 하면 됩니다. 단, 반드시 긍정적인 의미의 형용사를 골라야 합니다.

쿠션 표현으로 자주 쓰는 긍정적 의미의 형용사에는 이런 것들이 있습니다.

① **nice** (좋은, 멋진)
② **interesting** (재미있는, 흥미로운)
③ **exciting** (흥미진진한)

모두 중학교 수준의 영단어이지요. 하지만 이 세 단어만 알고 있어도 충분합니다.

참고로 "That sounds good!(그것 참 좋겠네요!)"은 권유나 부탁을 받아들이는 의미로 쓰일 수 있으므로, 거절할 때는 상대방을 혼란스럽게 하지 않기 위해서라도 nice 등으로 바꿔 말하는 것이 좋습니다.

다음은 동사 뒤에 형용사가 바로 나오지 않는 '번외 표현'이지만, 일상적인 대화에서 매우 빈번하게 쓰이므로 외워두면 편리한 문장입니다.

That sounds like fun!

(재미있을 것 같네요!)

쿠션 표현 3

I wish I could.

▶ 아쉬운 감정과 거절의 뜻을 동시에 전하여 효율적인 의사소통이 가능하다.

여러분의 지인에게서 새로운 프로젝트에 참가해달라는 부탁을 받았다고 가정해 보겠습니다. 아쉽지만 여러분은 지금 하는 일만으로도 벅차서, 좋은 기회임을 알면서도 그 부탁을 받아들일 수 없습니다.

이럴 때 '꼭 참여하고 싶지만, 그럴 수 없다'라는 아쉬운 감정과 거절의 뜻을 동시에 전할 수 있는, 매우 편리한 쿠션 표현이 바로 이것입니다.

I wish I could.

(제가 할 수 있다면 참 좋을 텐데요.)

딱 네 단어로 이루어진 문장입니다. 단숨에 말할 수 있지요. 쓰인 단어 역시 모두 중학교 수준입니다. 그러나 이 한 문장으로 '부탁을 받아들일 수 없다', '하지만 너무 아쉽다'라는 두 가지 뜻을 동시에 전할 수 있습니다.

비교해볼까요?

✕ No, I can't

(아니요, 전 할 수 없습니다.)

▶ 너무 단정적이라서 갑자기 이런 말을 들으면, 상대방이 머쓱해 할 수 있다.

◯ I wish I could.

(제가 할 수 있다면 참 좋을 텐데요.)

▶ '꼭 하고 싶으나 사정이 여의치 않아 할 수 없다'라는 뜻을 한 문장으로 전하고 있다.

쿠션 표현 4

Unfortunately, ~

▶ 예고하는 말을 덧붙여 상대방이 마음의 준비를 하게 한다.

이 쿠션 표현의 장점은 무엇보다 딱 한 단어로 상대방이 부정적인 말을 들을 마음의 준비를 하게 한다는 점입니다.

unfortunately는 [언포:츄너틀리]라고 읽습니다. 여기서 [포:] 부분을 강조하여 발음합니다. 뜻은 '유감스럽게도, 안타깝지만'입니다.

조금 긴 단어지만, 군이 이 단어를 추천하는 이유는 두 가지입니다.

① unfortunately는 but에 비해 의미가 분명해서 일상 회화뿐만 아니라 비즈니스와 관련된 공식적인 자리에서도 쓸 수 있다.

② 문장의 앞, 가운데, 끝 등 어디에 넣어도 의미를 정확히 전달할 수 있는 부사로, 어순에 크게 구애받지 않는다.

예를 들어, 모레 회의를 하기로 약속한 상대방이 갑자기 날짜를 내일로 바꿀 수 있는지 물어봅니다. 하지만 내일은 외근을 해야 합니다.

이럴 때 unfortunately를 써서 거절하는 경우와, 이 말을 쓰지 않고 거절하는 경우, 상대방에게 주는 인상은 꽤 많이 다릅니다.

✗ I'll be out all day tomorrow.

(내일은 종일 외근을 할 예정이에요.)

▶ 어조에 세심한 주의를 기울이지 않으면 퉁명스럽게 들릴 수 있다.

◯ Unfortunately, I'll be out all day tomorrow.

(안타깝지만 내일은 종일 외근을 할 예정이에요.)

▶ 본인도 어쩔 수 없어서 안타까워하는 기분이 전해진다.

이제 눈치 채셨나요? 사실 위 예문에는 No라는 말은 한 마디도 들어 있지 않습니다. 그러나 내일 회의하기 힘들다는 뜻을 분명하게 전하고 있습니다.

I understand your situation.

▸ 상대방이 받아들이고 싶지 않은 상황도 이해시킬 수 있는 가능성이 높아진다!

개인적인 사정이 아니라 소속되어 있는 조직의 사정으로 어쩔 수 없이 상대방의 요구를 들어줄 수 없을 때가 있습니다.

예를 들어, 주문이 마감된 상품을 변경하고 싶다고 고객이 부탁해도 회사 방침 때문에 그 부탁을 들어줄 수 없는 경우가 있습니다. 이런 상황에서는 어떤 표현을 써서 거절의 뜻을 밝히는 것이 좋을까요?

아무리 회사 방침이라고 해도 단정적으로 안 된다고 하면 인간미가 없겠지요. 상대방을 화나게 할 뿐입니다. 이럴 때는 분쟁을 피할 수 있도록 최대한 원만하게 No를 전해야겠지요.

그것을 중학교 수준의 영어만으로도 할 수 있습니다. 이 문장만 알면 말이지요.

I understand your situation.

(고객님의 사정은 이해합니다.)

쓰인 단어는 모두 중학교 수준입니다. 아마 누구라도 한 번 이상은 들어봤을 단어로만 이루어져 있지요. 게다가 단숨에 말할 수 있는 간단한 문장입니다. 그런데 이 짧은 문장만으로도 세련되고 성숙한 대화가 가능해집니다.

"I understand your situation."의 진의는 상대방의 사정이나 상황을 공감하고 있다는 것입니다. 즉, 한 개인으로서 느끼는 주관적인 감정을 표현하고 있지요.

그러므로 '회사 방침 때문에 부탁을 들어줄 수는 없지만, 개인적으로는 고객의 사정을 충분히 이해하고 있다'라는 '공적인 결정'과 '사적인 공감'을 동시에 나타냅니다.

이런 말을 들으면 상대방도 여러분의 입장을 이해하고 어쩔 수 없는 상황임을 받아들일 것입니다. 단 한 문장이지만 자신의 재량을 넘어서는 곤란한 상황에서 쓰면, 큰 효과를 발휘하는 표현입니다.

비교해볼까요?

✕ No, I can't.

(아니요, 할 수 없습니다.)

▶ 너무 단정적이라서 갑자기 이런 말을 들으면, 상대방이 화낼 수 있다.

◯ I understand your situation.

(고객님의 사정은 이해합니다.)

▶ '개인적으로는 고객의 사정을 충분히 이해하나 회사 입장에서는 그 요구를 받아들일 수 없다'라는 뜻을 완곡하게 전하고 있다.

No를 쓰지 않고 No라고 말하는 2단계 거절하는 이유를 간략하게 설명한다

쿠션 표현 이상으로 중요한 것이 <u>거절하는 이유를 설명하는 단계</u>입니다. 영어로 설명하기가 번거롭다고 이 단계를 건너뛰면, 여러분의 의도와 달리 상대방은 자신이 미움받고 있다고 오해할 수 있습니다. 그러니 이유를 설명하는 것은 매우 중요한 원칙입니다.

이 단계에서 실패하지 않기 위해서는 두 가지를 꼭 알아야 합니다.

하나는 <u>거절하는 이유를 간략하게 설명해야 한다</u>는 점입니다. 다른 하나는 <u>No를 쓰지 않고 최대한 긍정적으로 이유를 설명해야 한다</u>는 점입니다.

이 두 가지를 충족하는 표현을 몇 개 꼽아봤습니다. 모두 실생활에서 자주 쓰는 표현이니 꼭 알아두세요.

- **Something has come up.**

  (갑자기 일이 생겼습니다.)

- **I have another appointment.**

  (다른 약속이 있습니다.)

- **I already have plans that day/for tonight.**

  (그날은/오늘 밤에는 이미 선약이 있습니다.)

- **I have something to do tonight.**

  (오늘 밤에 해야 할 일이 있습니다.)

- **I have family commitments.**

  (집안에 일이 있습니다.)

- **I'm a bit overcommitted right now.**

  (지금 당장은 할 일이 좀 많습니다.)

- **I feel unwell today.**

  (오늘은 몸이 좀 안 좋습니다.)

투박하게 들릴지도 모르지만, 영어에서는 이 정도만으로도 충분합니다. 개인의 사생활에 관련된 부분이므로, 이보다 더 깊게 파고드는 경우는 거의 없습니다. 상황에 맞게 적절한 예문을 골라 활용해보세요.

No를 쓰지 않고 No라고 말하는 3단계 상대방이 말할 때까지 아무 말도 하지 않는다

이제 마지막 단계입니다. 이 단계에서는 '정말 거절하고 싶은 경우'와 '사실은 거절하고 싶지 않은 경우'로 나눠서 살펴보겠습니다.

먼저 '정말 거절하고 싶은 경우'에 쓰는 효과적인 방법은 상대방이 말할 때까지 아무 말도 하지 않는 것입니다.

거절할 때 하기 쉬운 실수가 바로 어색함을 참지 못해서 계속 말하는 것입니다. 하지만 그 순간을 참고 견뎌야 합니다. 어떤 말도 할 필요가 없습니다. 그저 아쉬운 듯이 상대방의 얼굴을 바라보세요. 깔끔하게 침묵하는 것이 오히려 지적이고 세련된 분위기를 연출할 수 있습니다.

반면 '사실은 거절하고 싶지 않은 경우'도 있습니다. 이때는 2단계에서 언급한 대로 거절할 수밖에 없는 이유를 설명한 후, 대안을 제시하는 것이 현명합니다.

대안을 제시할 때 유용하게 쓸 수 있는 표현에는 이런 것들이 있습니다.

- **Maybe some other time?**
  (다음 번에 할까요?)
  ▶ 일상적인 상황에서 쓸 수 있는 표현으로, 다음 기회를 기약할 수 있다.

- **I will be able to do that by** 〈기한을 나타내는 말〉 **if that's OK for you.**
  (만약 괜찮으시다면, ~까지는 할 수 있을 거예요.)
  ▶ 구체적인 기한을 제시하여 함께할 의지가 있음을 보여준다.

- **I'd like to help. Let me check my calendar to see when I'm available.**
  (꼭 도움을 드리고 싶습니다. 제가 언제 시간이 나는지 달력을 확인해보겠습니다.)
  ▶ 일정을 조정할 시간을 얻을 수 있다.

타인의 권유나 부탁을 받아들일 생각이 있다면, 그 자리에서 바로 거절할 필요는 없습니다. 앞에서 말한 표현들을 활용하여 가능성을 남겨두는 방법도 괜찮습니다. 자신이 처한 상황에 맞는 최선의 방법을 각자 찾아보세요.

03
불쾌감을 주는 주장을
불쾌감을 주지 않게 바꾼다

말하는 방식에 따라 상대방의 기분이 달라진다

가령 우연히 들어간 식당에서 라면만 주문했더니 점원이 만두도 맛있다며 추천하네요. 이럴 때 어떻게 말하는 것이 좋을까요?

"아니요, 라면만으로도 충분해요!"

그보다는 이렇게 말하면 어떨까요?

"그런가요? 다 먹을 수 있을지 생각 좀 해볼게요."

첫 번째 표현보다는 두 번째 표현이 싫은 기색이 덜 느껴지지요. 이렇게 말하면, 점원도 배가 많이 고픈 상황이 아님을 눈치 채고 억지로 주문을 받으려는 마음을 접겠지요. 두 문장 모두 담고 있는 내용은 동일하지만, 받아들이는 상대방의 기분이 다릅니다.

다시 말해서 내용은 거의 동일하더라도 상대방에게 '불쾌감을 주는 주장'과 '불쾌감을 주지 않는 주장'이 있습니다. 물론 영어에서도 마찬가지입니다.

직접적으로 상대방의 의견을 부정하지 않는다

흔히 '영어권 사람들은 뭐든지 확실하게 주장한다'라는 인식이 퍼져 있지만, 사실 꼭 그렇지는 않습니다. 자신의 생각을 그대로 입에 담기 전에 상대방의 기분을 생각하여 단어를 고릅니다. 적어도 세련되고 매너 있는 사람은 그렇게 하지요. 설사 본인의 의견이 이치에 맞더라도 상대방에게 불쾌감을 준다면, 받아들여질 가능성이 떨어진다는 사실을 알고 있기 때문입니다.

거꾸로 말하면 상대방에게 '불쾌감을 주지 않는 주장'을 할 수 있다면, 자신의 의견이 순조롭게 받아들여질 가능성이 높아진다는 점을 알고 있다는 뜻이기도 합니다.

만약 회사 동료와 다음 시즌에 취급할 상품 구성에 대해 논의하다가 그 동료가 이렇게 말했다고 가정해봅시다.

"XYZ사의 상품이 지금 엄청 인기를 끌고 있으니 우리도 그 상품을 취급하는 것이 좋지 않을까요?"

그런데 당신은 상품 자체는 매력적이지만 가격이 너무 비싸다고 생각하고 있습니다. 자신의 생각을 말할 때, A와 B 중 어느 쪽을 상대방이 받아들일 가능성이 높을까요?

A. But they are expensive.

(하지만 그 상품들은 비싸잖아요.)

▶ 상대방의 의견을 직접적으로 부정하는 느낌이 든다.

B. Yes, if they're a bit cheaper

(그렇지요, 그 상품들이 조금만 저렴하다면 말이죠.)

▶ 상대방의 의견을 인정하는 느낌이 든다.

두 문장의 의미는 같습니다. 그 회사 상품들의 가격이 비싸다는 뜻이지요. 하지만 A보다 B가 불쾌감을 덜 줍니다.

그 비밀은 첫마디에 있습니다. 즉 문장을 시작하는 말에 있지요.

A는 but으로 문장을 시작하고 있습니다. but은 앞 내용을 부정할 때 쓰는 접속사입니다. 'XYZ사의 상품이 지금 인기를 끌고 있으니 우리도 취급하는 것이 좋겠다'라는 상대방의 의견에 바로 but으로 응답하면, 설령 그럴 의도가 없었더라도 상대방은 자신의 의견이 단번에 부정당하는 느낌이 듭니다.

반면 B는 yes로 문장을 시작하고 있습니다. yes는 앞에 나온 발언을 긍정하는 말입니다. 그래서 yes로 문장을 시작하면, 설사 반대 의견이더라도 상대방은 자신의 의견이 인정받는 느낌이 듭니다.

바로 이것이 불쾌감을 주는 주장과 불쾌감을 주지 않는 문장의 결정적인 차이입니다.

불쾌감을 주는 주장은 **부정적인 말로 문장을 시작**합니다.

불쾌감을 주지 않는 주장은 **긍정적인 말로 문장을 시작**합니다.

즉 불쾌감을 주는 주장을 불쾌감을 주지 않는 문장으로 바꾸기 위해서는 일단, 첫마디에 부정적인 말이 아닌 긍정적인 말을 쓰도록 해야 합니다.

불쾌감을 주지 않는 주장을 만드는 〈Yes, if〉법

위의 법칙을 유용하게 활용할 수 있는 방법 하나를 소개하겠습니다.

이름하여 〈Yes, if〉법입니다.

〈Yes, if〉법은 문장의 첫마디에 'Yes, if ~(그렇지요, 만약 ~라면 말이지요)'를 써서 '특정 조건을 충족하면 당신의 주장에 찬성한다'라는 뜻을 전하는 방법입니다. 이 방법을 사용하면 상대방의 주장을 인정하면서도 자신의 의견을 효과적으로 전할 수 있습니다.

사실 앞에서 언급한 예문도 이 방법으로 만든 문장이지요.

Yes, if they're a bit cheaper.

(그렇지요, 그 상품들이 조금만 저렴하다면 말이죠.)

〈Yes, if〉 뒤에 걱정되는 부분, 즉 가격이 비싸다는 문제점을 해소하는 '가격이 저렴하다면'이라는 조건을 제시합니다. 동료의 주장에 동조하는 것이지요.

실제로 써보면 익히기 쉬우니 구체적인 예시로 연습해볼까요?

'아침 식사를 하지 않으면 살을 뺄 수 있다'라고 주장하는 상대방에게 〈Yes,

if〉법을 활용하여 자신의 의견을 자연스럽게 말해보세요.

✕ But that's not good for you.

(하지만 그건 당신에게 좋지 않아요.)

▶ 상대방의 의견을 직접적으로 부정하는 느낌이 든다.

◯ Yes, if it doesn't affect the rest of your day.

(그렇지요, 그것이 당신의 남은 하루에 영향을 주지 않는다면 말이죠.)

▶ 상대방의 의견을 인정하는 느낌이 든다.

'팀워크를 높이기 위해서라도 회식에 참석하는 편이 좋다'라고 주장하는 상
대방에게 〈Yes, if〉법을 활용하여 자신의 의견을 자연스럽게 말해보세요.

✕ But I don't want to waste my time.

(하지만 저의 시간을 낭비하고 싶지 않아요.)

▶ 상대방의 의견을 직접적으로 부정하는 느낌이 든다.

⭕ Yes, if my family also likes the idea.

(그렇지요, 우리 가족도 그 생각을 좋아한다면 말이죠.)

▶ 상대방의 의견을 인정하는 느낌이 든다. 덧붙여 '회식이 있으면 귀가 시간이 늦어서 가족
에게 미안하다'라는 뜻도 효과적으로 전할 수 있다.

04

질문으로 자연스럽게
대화의 주도권을 잡는다

대화의 주도권은 '듣는 사람'에게 있다

흔히 말을 잘하는 사람이 대화의 주도권을 가진다고 생각합니다. 그래서 영어 회화에서 비원어민이 주도권을 가질 수 있는지에 대해 의문을 품는 사람들도 있지요.

결론부터 말하자면, 충분히 가능합니다. 말을 잘하지 못하더라도, 원어민이 아니더라도 영어 회화의 주도권을 잡을 수 있습니다. 게다가 상대방에게 불쾌감을 주지 않으면서 자연스럽게 말이지요. 다만 '대화의 법칙'을 알고 있어야 합니다.

그 법칙이란 무엇일까요?

"말하는 사람의 이야기는 듣는 사람의 반응에 좌우된다."

왜 이 법칙을 알아야 대화를 주도할 수 있는지, 차근차근 설명하겠습니다.

우리는 보통 말하기와 듣기, 이 두 행위를 번갈아 하면서 대화를 나눕니다. 어느 쪽이든 일방적이기만 해서는 대화가 성립되지 않습니다. 그래서 대화를 monologue(독백)가 아니라 dialogue라고 하지요.

너무도 당연한 말이지요. 그리고 이것은 사용하는 언어가 달라져도 변하지 않는 사실입니다. 한국어든 영어든 상관없이 대화는 '말하는 사람'과 '듣는 사람'이 있어야만 성립합니다.

그럼 질문을 하나 하겠습니다. 말하는 사람과 듣는 사람 중 어느 쪽이 대화의 주도권을 가질까요?

정답은 듣는 사람입니다. 예상치 못한 답인가요? 충분히 그럴 수 있습니다. 얼핏 보면 말하는 사람이 대화를 통제하고 있는 것처럼 보이니까요. 그래서 말하는 사람이 대화를 이끌어간다고 착각하기 쉽습니다. 하지만 실제로 대화의 주도권을 잡고 있는 쪽은 말하는 사람이 아니라 듣는 사람입니다.

듣는 사람의 영향력

그런데 왜 말하는 사람이 아닌 듣는 사람이 대화의 주도권을 잡게 되는 것일까요? 여기서 우리는 듣는 사람의 숨겨진 영향력에 대해 생각해봐야 합니다. 말하는 사람의 입장에서 생각하면 훨씬 더 이해하기 쉽습니다. 이런 상황을 가정해보겠습니다.

여러분은 지금 고객의 눈앞에서 본인 회사의 상품에 대해 설명하고 있습니다. 물론 고객에게 상품을 팔기 위해서지요. 그 상품은 가전제품이나 자동차일 수도 있고, 어쩌면 신축 아파트일 수도 있습니다. 여하튼 상품을 팔고자 하는 여러분의 입장에서 지금 가장 신경 쓰이는 점은 무엇일까요?

지나가는 오토바이 소리?

점심 때 먹은 청국장?

내일까지 써야 하는 보고서?

모두 다 아닙니다. 눈앞에 있는 고객, 즉 듣는 사람의 반응입니다.

'이 고객은 무엇을 원하고 있을까?'

'상품의 매력이 잘 전달되고 있을까?'

'이 고객의 마음을 사로잡을 수 있을까?'

이런 점에 신경 쓰면서 이야기를 이어가겠지요. 고객이 상품의 장점을 이해하고 구매해주기를 바라기 때문입니다. 그렇습니다. 말하는 사람인 여러분의 최대 관심사는 듣는 사람인 고객의 반응입니다.

고객의 반응을 알 수 있는 요소에는 이런 것들이 있습니다.

① 얼굴 표정

② 몸짓

③ 호응

④ 질문

⑤ 논평

이런 반응은 대화의 실마리가 됩니다. 실마리가 있으면, 이야기의 관점이나 내용을 수정할 수 있습니다. 여러분이 하고 싶은 말을 더 효과적으로 전할 수 있습니다. 다시 말해 듣는 사람의 반응에는 말하는 사람이 이야기를 스스로 조절하게 하는 영향력이 있습니다.

듣는 사람이 대화의 주도권을 가지는 이유가 바로 여기에 있습니다.

듣는 사람은 대화를 풀어나갈 수 있는 실마리를 쥐고 있습니다. 그래서 영향력이 있지요. 그리고 그 영향력은 대화를 주도할 수 있을 정도로 큽니다.

상황에 따라 적절하게 질문한다

이 점은 물론 영어 회화에서도 활용할 수 있습니다. 이 책에서는 한 가지 사실에 초점을 맞춰 설명해나갈 예정입니다.

"상황에 따라 적절하게 질문하여 자연스럽게 대화의 주도권을 잡는다."

바로 이것입니다.

질문은 말하는 사람에게 중요한 단서입니다. 대화의 흐름을 순식간에 바꿀 수도 있지요. 효과적으로 질문하는 법을 알면, 대화를 주도할 수 있습니다. 더할 나위 없이 자연스럽게 말이지요.

대화를 주도하는 질문을 하기 위해서는 먼저 다음 세 가지 사항을 알고 있어야 합니다.

① 질문에는 두 가지 유형이 있다.

② 각 유형의 질문에는 강점과 약점이 있다.

③ 각 유형의 질문에는 활용 포인트가 있다.

질문에는 두 가지 유형이 있다

'질문에는 두 가지 유형이 있다'라는 말이 무슨 뜻인지 바로 눈치 챈 사람은 매우 예리한 사람입니다.

두 가지 유형이란 무엇일까요?

유형❶ 폐쇄형 질문(Yes 혹은 No로 답할 수 있는 질문)

유형❷ 개방형 질문((5W1H로 시작하는 질문)

유형 1에는 이런 문장들이 해당합니다.

- **Did you have a good weekend?**

  (즐거운 주말을 보내셨나요?)

- **Have you watched the movie?**

  (그 영화를 본 적이 있나요?)

- **Is there anything I can do to help?**

  (제가 도와드릴 일이 있을까요?)

위의 세 질문은 모두 Yes나 No로 답할 수 있습니다. 이런 유형의 질문은 대답의 폭이 넓지 않기 때문에, 폐쇄형 질문Closed Questions이라고 부릅니다.

한편 유형 2에는 이런 문장들이 있지요.

- **How was your weekend?**

  (주말은 어떻게 보내셨나요?)

- **What movie did you watch?**

  (무슨 영화를 봤나요?)

- **What would you like me to do for you?**

  (어떤 일을 도와드리면 될까요?)

언제(when), 어디서(where), 누가(who), 무엇을(what), 왜(why), 어떻게(how) 등 이른바 5W1H로 시작하는 질문들입니다. 이런 유형의 질문은 대답의 폭이 넓고 구체적이기 때문에, 개방형 질문Open [Ended] Questions이라고 합니다.

각 유형의 질문에는 강점과 약점이 있다

각 유형의 질문에는 강점과 약점이 있습니다.

유형 1 **폐쇄형 질문**

이 유형의 질문은 양자택일 형식이기 때문에 대답하기 쉽습니다. 따라서 상대방의 답변을 바로 들을 수 있는 것이 강점이지요.

반면 대화를 발전시키기 어렵다는 약점이 있습니다. 또 과도하게 쓰면, 상대방이 심문당하는 느낌을 받을 수 있습니다.

[강점]

① 양자택일 형식이므로 상대방이 답하기 쉽다.

② 상대방의 대답을 바로 들을 수 있다.

[약점]

① 상대방의 대답이 짧다.

② 대화를 발전시키기 어렵다.

유형 2 **개방형 질문**

이 유형의 질문은 **구체적이고 폭 넓은 대답을 들을 수 있습니다.** 그래서 **대화를 발전시키기 쉬운 강점**이 있지요.

하지만 대답하는 사람의 자유에 맡겨야 하므로, **사람에 따라 답을 듣기까지 시간이 걸릴 수 있다는 약점**이 있습니다. 또한 어떤 답변이 나올지 예상하기 어려우므로 **듣는 사람의 유연한 대응이 필요합니다.** 유연하게 대응할 수 있는 사람에게는 이것이 강점이 될 수도 있겠지요.

[강점]

① 상대방에게서 구체적이고 폭 넓은 대답을 들을 수 있다.

② 대화를 발전시키기 쉽다.

[약점]

① 답을 듣기까지 시간이 걸릴 수 있다.

② 대화가 지체될 수 있다.

각 유형의 질문에는 활용 포인트가 있다

폐쇄형 질문과 개방형 질문에는 각각 강점과 약점이 있다는 사실을 간단히 설명했습니다. 그러한 특징을 바탕으로 이제부터는 질문의 효과를 높일 수 있는 활용 포인트를 살펴보겠습니다.

상대방의 대답을 바로 들을 수 있는 강점이 있는 폐쇄형 질문. 이 질문을 이용하여 자연스럽게 대화의 주도권을 잡을 수 있는 타이밍은 대화의 시작과 끝입니다. 폐쇄형 질문은 상대방이 바로 답할 수 있어 속도감 있게 대화를 시작하기 수월합니다. 또한 대답이 비교적 짧아서 대화를 끝맺기에도 좋지요.

그에 반해 구체적이고 폭 넓은 대답을 기대할 수 있는 강점을 지닌 개방형 질문. 이 유형의 질문으로 자연스럽게 대화의 주도권을 잡을 수 있는 타이밍은 한창 대화를 나누는 중입니다. 대화를 발전시키고 분위기를 고조시키기 쉽기 때문입니다.

이렇게 정리해볼 수 있겠네요.

대화의 시작은 폐쇄형 질문으로 속도감 있게 시작한다.

↓

한창 대화 중일 때는 개방형 질문으로 이야기를 발전시킨다.

↓

대화의 마지막은 폐쇄형 질문으로 끝맺는다.

이제 대화의 주도권을 잡는 질문을 하기 위해 알아야 할 사항은 모두 이해했으리라 생각합니다.

그럼 실제로 폐쇄형 질문과 개방형 질문을 이용하여 연습해볼까요?

멜버른을 여행하는 중입니다. 맥주 한잔을 하기 위해 그 지역의 바에 들어갔습니다. 배낭여행자로 보이는 사람이 옆에서 술을 마시고 있습니다. 웃는 얼굴로 "Hi!"라고 인사한 후, 폐쇄형 질문으로 말을 걸어보세요.

처음 만난 사람과 대화할 때는 그 사람에 관한 정보가 거의 없으므로, 이런 질문으로 시작하는 것이 좋습니다.

Are you traveling or are you local?

(여행 오셨나요, 아니면 여기 사시는 분인가요?)

참고로 아래와 같은 질문은 피하세요.

✕ Why did you come here?

(왜 여기에 오셨어요?)

사실 이것은 상당히 어색한 영어 문장입니다. 자연스러운 표현은 "What brought you here?"입니다. 게다가 상대방이 여행자인지 아닌지 알 수 없는 상황에서 하기에는 꽤 무례한 질문이지요.

그러니 일단 상대방이 여행자인지를 확인하는 폐쇄형 질문을 해보세요. 이런 상황에서 처음 만나는 사람에게 쓸 수 있는 폐쇄형 질문의 예입니다.

Are you from around here?

(이 근처에 사시나요?)

Are you on vacation?

(휴가 중이신가요?)

연습 2 ──────────────────────

바에서 만난 사람은 캐나다에서 온 학생이라고 합니다. 이번에는 개방형 질문으로 대화를 점점 발전시켜보세요.

──────────────────────

주목해야 할 점은 대화를 시작할 때 얻은 상대방에 관한 정보를 토대로 이야기를 발전시켜야 한다는 것입니다. 이 상황에서는 상대방이 자신과 같은 여행자라는 점, 캐나다 출신이라는 점, 학생이라는 점 등이 대화를 이어나갈 실마리가 됩니다.

예를 들어 이런 질문을 할 수 있겠지요.

How has your trip been so far?

(지금까지 여행은 어땠나요?)

Where have you been on this trip?

(이번 여행에서 어디를 가봤나요?)

How long are you staying here for?

(여기에는 얼마나 머무를 예정인가요?)

- ## What part of Canada are you from?
  (캐나다의 어느 지역에서 왔나요?)

- ## What are you studying in college?
  (대학에서 무슨 공부를 하고 있나요?)

연습 3 —————————————————————

처음 만난 사이인데도 분위기가 꽤 고조되었습니다. 이제 슬슬 돌아가야 합니다. 그 학생과도 헤어질 시간이지요. 폐쇄형 질문으로 자연스럽게 대화를 마무리해보세요.

—————————————————————————

고전적이지만, 이런 말들로 자리에서 일어날 계기를 만들어보세요.

- ## Do you know what time it is?
  (지금 몇 시인지 아세요?)

- ## Do you know where the bathroom is?
  (화장실이 어디인지 아세요?)

상투적인 표현인 만큼 상대방도 대화를 마무리할 때라는 점을 눈치 챌 것입니다.

그리고 나서 두세 마디를 주고받은 후 이렇게 말하면 됩니다.

It's nice talking to you. Have a good trip!

(이야기를 나눌 수 있어 즐거웠어요. 좋은 여행 되세요!)

아주 간단하지요.

대화를 끝맺을 때 유용한 질문의 또 다른 예시를 살펴볼까요?

• Are you staying in Melbourne for a while?

(당분간 멜버른에 머물 예정인가요?)

▶ 이후의 예정을 묻는 질문은 대부분 대화 말미에 한다. 저명인사의 인터뷰 기사에서도 자주 볼 수 있는 단골 질문이다. 이런 말을 들으면 상대방도 대화를 마무리할 시간임을 눈치 채기 때문에, 자연스럽게 이야기를 끝낼 수 있다.

• By the way, do you know any good places to eat near here?

(그런데 이 근처에서 식사하기에 좋은 곳을 알고 있나요?)

▶ 이런 질문으로 지금부터 식사하러 갈 예정이라는 점을 넌지시 알리면, 대화가 길게 이어질 가능성이 적다.

중요한 점은 이야기를 더 이상 발전시키지 않는 폐쇄형 질문을 통해 대화를 길게 끌지 않는 것입니다.

이해했나요? 대화의 시작과 마지막에는 폐쇄형 질문을 이용하고, 대화 중에는 개방형 질문으로 이야기를 발전시킵니다. 이렇게 두 가지 유형의 질문을 효과적으로 활용하면, 비원어민도 대화의 주도권을 잡을 수 있습니다.

05

상대방의 Yes를 듣기 위해서는 준비가 필요하다

상대방의 부담을 줄여주는 부탁 방법

여기 두 개의 부탁하는 말이 있습니다. 여러분이라면 어떤 말에 Yes라고 답하고 싶나요?

A. **당신 앞에 있는 펜을 건네주세요.**

B. **이번 회의에서 저 대신 스무 명의 청중 앞에서 20분간 연설을 해주세요.**

앞에 있는 펜을 달라는 부탁에 못하겠다고 대답하는 사람은 거의 없을 것입니다. 대부분은 바로 Yes라고 답하겠지요. 말이 끝나자마자 펜을 건네주는 사람도 있을 것입니다. 눈앞에 있는 펜을 건네주는 일에 대해 대부분의 사람은 심리적으로나 물리적으로나 큰 부담을 느끼지 않기 때문입니다.

반면 다른 사람을 대신하여 스무 명의 청중 앞에서 20분간 연설을 해달라는 부탁을 받고, 바로 Yes라고 답할 수 있는 사람은 많지 않을 것입니다.

A에 비해 꽤 큰 심리적 · 물리적 부담을 느낄 수밖에 없는 일이니까요.

하지만 같은 일을 부탁하더라도 상대방이 느끼는 심리적 · 물리적 부담을 덜어주면, Yes라는 답을 들을 가능성이 상당히 높아집니다.

예를 들어 B와 같은 부탁을 할 때, 상대방에게 이런 정보도 함께 알려주면 어떨까요?

"제가 신뢰하는 사람이라서 부탁드렸습니다."

"회의 예정일까지는 아직 2개월이 남았습니다."

"회의 장소는 당신의 사무실에서 도보로 10분 거리에 있는 호텔입니다."

"그날은 당신을 위해서 택시를 준비할 예정입니다."

"당신이 준비할 것은 거의 없습니다."

"자료는 모두 여기 준비되어 있습니다."

"그저 이 원고만 대신 읽어주면 됩니다."

"꼭 질의응답 시간을 가질 필요는 없습니다."

"참가자들에게는 미리 사정을 알려줬습니다."

"그러니 당신에게 부담이 될 일은 전혀 없습니다."

"당신을 위해 호텔 뷔페 레스토랑을 예약해두겠습니다."

"연설 후에는 느긋하게 점심식사를 즐기면 됩니다."

자신을 대신하여 스무 명의 청중 앞에서 20분간 연설해달라는 꽤 어려운 부탁도 상대방의 심리적·물리적 부담을 덜어주는 준비만 효과적으로 하면, Yes라는 답을 들을 수 있는 확률이 높아집니다.

Yes를 부르는 준비의 다섯 가지 포인트

상대방에게서 Yes라는 답을 듣기 위한 준비를 할 때 알고 있어야 할 다섯 가지 사항이 있습니다. 중학교 수준의 영단어로 구사할 수 있는 것들만 꼽아봤습니다.

① 1분의 가치
② 양자택일
③ 선택은 상대방의 몫
④ 상대방에게 부탁하는 이유
⑤ 양심적인 목적

물론 언제든 반드시 Yes를 들을 수 있는 것은 아닙니다. 하지만 이 다섯 가지 사항을 알고 있으면 Yes를 들을 가능성이 훨씬 더 높아집니다.

Yes를 부르는 준비 1 1분의 가치

바쁜 사람에게 1분은 귀중한 시간입니다. 그러니 그 시간을 존중받고 있다는 느낌이 들면, 긍정적인 대답을 내놓기 쉽습니다. 중학교 수준의 영어만으로도 말할 수 있는, 자주 쓰이는 세련된 문장에는 어떤 것들이 있을까요?

〈편안하고 일상적인 대화에서〉

- **When you are ready, could you help me out with this?**

  (준비가 되면, 이것을 도와줄 수 있나요?)

- **When you finish that, could you help me out with this?**

  (그 일을 끝내면, 이것을 도와줄 수 있나요?)

〈격식 있는 공식적인 자리에서〉

- **I know you are a very busy person, but I would very much appreciate it if you could** 〈부탁 내용〉 **for me.**

  (당신이 아주 바쁜 사람인 건 알지만, 〈부탁 내용〉을 해주신다면 대단히 감사하겠습니다.)

- **I know it is a really busy time of year for you, but I would very much appreciate it if you could** 〈부탁 내용〉 **for me.**

  (지금이 일년 중 당신에게 아주 바쁜 시기인 건 알지만, 〈부탁 내용〉을 해주신다면 대단히 감사하겠습니다.)

위 예문은 모두 응용하기도 쉽습니다. 상황에 따라 적절하게 활용해보세요.

사람은 추상적이고 많은 선택지에서 하나를 고르는 일은 꺼리지만, 구체적이고 적은 선택지에서 고르는 것은 그렇게 어려워하지 않습니다. 이러한 경향을 잘 활용하여 준비할 것 중 하나가 바로 양자택일의 질문입니다.

이 방법을 쓸 때 기억해야 할 점이 있습니다. 상대방이 어느 쪽을 선택하더라도 결과적으로는 Yes로 이어지는 선택지로 양자택일의 질문을 만들어야 한다는 것입니다.

다시 말해서 이런 형태가 되어야 합니다.

〈Yes로 이어지는 선택지 A〉 or 〈Yes로 이어지는 선택지 B〉?

예를 들어 친구에게 조만간 만나자고 말하고 싶습니다. 친구가 자연스럽게 Yes라고 답하고 싶어지는 질문은 어느 쪽일까요?

A. Can we catch up sometime?

(언제 한번 만날 수 있을까?)

B. Are you free on either Thursday or Friday?

(목요일이나 금요일에 시간이 되니?)

A는 꽤 추상적입니다. Yes라는 답변을 들을 확률이 50퍼센트, No라는 답변을 들을 확률이 50퍼센트 정도 될 것 같네요.

반면 B는 한층 구체적인 선택지를 제시하고 있습니다. 게다가 상대방이 어느 쪽을 선택하더라도 결과적으로는 Yes로 이어지는 양자택일의 질문입니다. 사람은 양자택일 형식의 질문을 받으면, 둘 중 하나를 선택하고 싶어집니다. 그런 성향을 잘 이용한 방법이지요. 이런 준비를 하느냐 마느냐에 따라 Yes라는 답을 들을 수 있는 확률이 달라집니다.

[Yes를 부르는 준비 3] **선택은 상대방의 몫**

양자택일의 방식을 발전시킨 형태입니다. 유의할 점은 **주어를 you로 한다는 것입니다.** 그게 다입니다. 주어 자리에 you를 쓰면 '선택은 상대방의 몫'이라는 메시지를 전할 수 있습니다. 사람은 타인의 선택에는 No라고 말하고 싶어지지만, 자신의 선택에는 No라고 말하기 힘들지요.

✕ Can I see you on either Thursday or Friday?

(목요일이나 금요일에 만날 수 있을까?)

▸ 자기 중심적인 느낌이 든다.

◯ Are you free on either Thursday or Friday?

(목요일이나 금요일에 시간이 되니?)

▸ 상대방을 배려하는 느낌이 들어 상대방이 스스로 선택할 의지가 생기도록 유도한다.

✕ Can I get cash or your credit card?

(현금과 신용 카드 중 제가 어느 것을 받을 수 있나요?)

▶ 자기 중심적인 느낌이 든다.

◯ Would you like to pay cash or by credit card?

(현금과 신용 카드 중 어느 것으로 결제하시겠어요?)

▶ 상대방을 배려하는 느낌이 들어 상대방이 스스로 선택할 의지가 생기도록 유도한다.

Yes를 부르는 준비 4 상대방에게 부탁하는 이유

사람은 "바로 당신이니까요"라는 말에 약합니다. 자신이 선택받았다는 사실에 특별함을 느끼기 때문입니다. '다른 사람이 아닌 당신에게 부탁한다'라고 말하면 상대방도 그 부탁을 한 번 더 생각할 것입니다.

- **I think you're the best person for this kind of job.**

  (이런 일에는 당신이 최고 적임자라고 생각해요.)

- **I couldn't think of anyone else who would do this kind of thing better than you do.**

  (당신보다 이 일을 더 잘할 수 있는 사람이 달리 생각나지 않아서요.)

다만 이 방법은 진심으로 그렇게 생각하는 사람에게 써야 효과를 발휘할 수 있습니다. 거짓말이라는 것이 티가 나면 도리어 어색해질 수 있습니다.

사람은 원래 다른 사람에게 도움이 되고 싶어 합니다. 다른 사람을 도움으로써 자신의 가치를 확인하고 인정받을 수 있다고 생각하기 때문이겠지요. 이러한 심리를 활용한 방법입니다.

상대방이 자신을 도와주면 어떤 일이 가능한지 설명해주세요. 부탁하는 목적이 양심적일수록 상대방이 Yes라고 답할 확률이 높아집니다.

이때 유용하게 쓸 수 있는 표현을 알아볼까요?

〈부탁을 나타내는 문장+That way 주어 can …〉

(~해줄 수 있나요? 그러면 …할 수 있을 거예요.)

실제로 활용할 때는 ①~③의 순서대로만 하면 됩니다.

---

① 부탁을 나타내는 문장을 말한다.

② That way(그러면)를 붙인다.

③ 〈주어 can …(~가 …할 수 있다)〉으로 부탁하는 목적을 밝힌다.

이 표현을 쓴 예문을 보면서 활용법을 확인해보겠습니다.

회의에서 발언하고 있는 사람의 목소리가 잘 안 들립니다. 발언자에게 that way를 써서 부탁하는 말을 해보세요.

① 부탁을 나타내는 문장을 말한다.

여기서는 could you를 쓰겠습니다.

- **Could you speak up a bit?**

  (조금만 더 크게 말씀해주시겠어요?)

② '그러면'을 붙인다.

- **That way**

  (그러면)

③ 어떤 일이 가능한지 말하여 설득한다.

- **Everyone can hear you.**

  (모두가 당신의 말을 들을 수 있어요.)

〈완성된 문장〉

- **Could you speak up a bit? That way everyone can hear you.**

  (조금만 더 크게 말씀해주시겠어요? 그러면 모두가 당신의 말을 들을 수 있어요.)

이번에는 이런 예문으로 that way의 활용법을 연습해봅시다.

동료가 당신에게 보고서를 훑어봐달라고 합니다. 그래서 보고서 복사본을 PDF파일로 보내줄 것을 요청하려 합니다. that way를 써서 부탁하는 말을 해보세요.

① **부탁을 나타내는 문장을 말한다.**

could you로 문장을 시작해볼까요?

- **Could you please send me a copy of the PDF file?**

  (PDF 파일의 사본을 보내줄 수 있나요?)

② **'그러면'을 붙인다.**

- **That way**

  (그러면)

③ **어떤 일이 가능한지 말하여 설득한다.**

- **I can further look into the report.**

  (제가 보고서를 더 자세히 검토할 수 있어요.)

〈완성된 문장〉

- **Could you please send me a copy of the PDF file? That way I can further look into the report.**

  (PDF 파일의 사본을 보내줄 수 있나요? 그러면 제가 보고서를 더 자세히 검토할 수 있어요.)

밑줄 친 부분은 그대로 쓰고 부탁하는 내용만 바꾸면 다양하게 응용할 수 있습니다. 꼭 활용해보세요!

06
말하는 순서만 바꿔도
더 효과적으로 전달된다

영어가 제대로 전달되지 않는 진짜 원인

"우리말로는 잘 전해지는데 영어로는 안 돼!"

영어로 말하다 보면 누구나 이런 좌절감을 느낄 때가 있습니다. 많은 사람이 자신의 영어가 제대로 전달되지 않는 이유를 이렇게 생각하지요.

'발음이 나빠서'

'문법이 틀려서'

'어휘력이 부족해서'

하지만 우리가 생각하는 만큼 발음이나 문법, 어휘력은 큰 문제가 되지 않습니다. 그러면 왜 우리가 말하는 메시지가 잘 전달되지 않을까요?

가장 큰 이유 중 하나는 바로 이것입니다.

말하는 순서

말하는 순서만 바꿔도 여러분의 영어는 훨씬 더 잘 전달됩니다. 이번에는 그 방법을 알려드리겠습니다.

말하는 순서는 발음이나 문법, 어휘력을 익히는 노력보다 더 적은 노력으로 개선할 수 있습니다. 이미 여러분이 가지고 있는 기술만으로도 충분히 실천할 수 있는 방법이기 때문입니다.

세련되고 성숙한 사람이 자주 쓰는 세 가지 방식에 초점을 맞춰 설명하겠습니다. 전하고 싶은 내용에 맞는 방식을 적절하게 활용하면, 여러분의 영어가 지금보다 훨씬 더 잘 전달될 것입니다.

말하는 순서를 구분하여 사용하자

말하는 순서에는 다음과 같은 세 가지 방식이 있습니다.

① 숲 → 나무
② 결과 → 이유
③ 명(明) → 암(暗) → 명(明)

이 방식들은 전하고자 하는 내용에 따라 적절하게 구분하여 활용해야 합니다. 어느 방식을 선택하든 꼭 지켜야 할 중요한 규칙이 있습니다.

"듣는 사람이 가장 알고 싶어 하는 것을 가장 먼저 말한다."

어떤 방식으로 전해야 할지 망설여질 때는 우선 이 규칙을 지키는 데 집중하세요. 그러면 어떤 방식을 택해야 할지 알 수 있습니다.

그 다음은 지속적인 실천을 통해 다양한 경험을 쌓는 일만 남습니다. 직접 실천하면서 연습할수록 적절한 방식을 고르는 순발력이 길러집니다.

제가 바로 경험자니 믿으셔도 됩니다.

말하는 순서 1 숲 → 나무

먼저 전체를 말하고 나서 부분을 설명하는 방식입니다.

작업 순서, 도구의 사용법, 일정을 설명할 때 효과적입니다.

이 방식을 쓸 때 알아둬야 할 점이 있습니다. 바로 앞에서 언급한 규칙을 지키는 것입니다.

"듣는 사람이 가장 듣고 싶어 하는 것을 가장 먼저 말한다."

먼저 자기 자신에게 이런 질문을 해보세요.

What is it about?

(무엇에 관한 이야기인가?)

이 질문에 대해 답하는 형식으로 이야기를 시작하면, 여러분이 하고 싶은 말을 전하기가 훨씬 더 쉬워집니다.

가령 이런 구문이 유용하겠지요.

- ## **This is about ~**

  (이것은 ~에 관한 것입니다.)

- ## **I'd like to talk about ~**

  (~에 대한 이야기를 하고자 합니다.)

그 후에 살을 붙여나가듯이 더 자세한 정보, 즉 who(누가), when(언제), where(어디서), why(왜), how(어떻게) 등을 덧붙이면 됩니다.

말하는 순서 2 결과 → 이유

일의 결과를 보고할 때, 뉴스를 전할 때 유용한 방식입니다.

사람은 이유보다 결과를 먼저 알고 싶어 하는 경향이 있습니다. 그런 기대에 부응하기 위해서 먼저 자기 자신에게 이런 질문을 해보세요.

How was it?
How did it go?

(어떠했는가?)

이 질문에 답하는 형식으로 말하면 됩니다. 다음은 이 방식에서 자주 쓰이는 구문들입니다.

① 주어＋was/were＋〈결과를 나타내는 형용사〉.

(~는 …이었다.)

② 주어＋went＋〈결과를 나타내는 부사〉.

(~는 …하게 되었다.)

③ 주어＋동사의 과거형.

(~는 …했다.)

말하는 순서 3 명 → 암 → 명

이 방법은 일명 '샌드위치 방식'이라고도 부릅니다.

먼저 긍정적이고 밝은 이야기로 시작하여, 상대방이 본격적으로 들을 자세를 취하면 부정적인 이야기를 꺼냅니다. 대개의 경우, 이것이 진짜 하고 싶은 이야기지요. 그리고 마지막에는 다시 긍정적인 이야기로 대화를 마무리하는 방식입니다.

상대방이 고쳤으면 하는 점을 말할 때나 나쁜 소식을 전할 때 쓰면 효과적입니다. 상대방이 받아들이기 쉬운 긍정적인 이야기, 즉 좋은 소식을 먼저 말하면, 상대방이 받아들이기 어려운 부정적인 이야기, 즉 나쁜 소식을 꺼내기가 쉬워집니다.

그럼 각 상황에서는 이 세 가지 방식 중 어떤 순서로 말하면 좋을지 생각해봅시다.

거래처의 담당자에게 다음 회의에서 논의하고 싶은 주제를 미리 알려주고자 합니다. 세 가지 방식 중 하나를 골라 메시지를 효과적으로 전달하세요.

다음 회의에 관한 이야기이므로, '숲 → 나무'의 방식을 활용하면 좋습니다.

I'd like to talk about ~.

(~에 관해 이야기하고자 합니다.)

이 구문으로 시작하여 다음과 같이 말하면 어떨까요?

I'd like to talk about our next meeting.

(우리의 다음 회의에 관해 이야기하고자 합니다.)

I have a few points that I'd like to discuss with you.

(당신과 함께 논의하고 싶은 점이 몇 가지 있습니다.)

The first one is about the price setting.

(첫 번째는 가격 설정에 관해서입니다.)

면접 결과가 나왔습니다. 다행히도 합격했네요! 세 가지 방식 중 하나를 골라 응원해준 친구에게 취업 성공 소식을 전하세요.

─────────────────────────────────────

면접 결과를 알려주는 상황이므로, '결과 → 이유'의 방식을 쓰면 효과적입니다.

가령 이런 식으로 말할 수 있겠지요.

I got a job!

(나 취직했어!)

They said my skill set was just what they were looking for.

(그들은 내가 가진 능력이 바로 그들이 찾고 있던 능력이라고 말했어.)

주얼리 회사의 웹사이트를 만들고 있는 친구가 디자인 시안의 피드백을 받고 싶어 합니다. 세 가지 방식 중 하나를 골라 친구에게 좋은 점과 개선할 점을 말해주세요.

피드백을 해야 하는 상황이므로, '명 → 암 → 명'의 방식이 적절합니다. 이런 식으로 말하면 좋을 것 같네요.

The layout looks very clean.
(화면 배치는 아주 깔끔해 보여.)

Maybe you could use some images of their products on the top page.
(아마 첫 화면에 그 회사의 상품 이미지를 몇 개 쓰는 것이 낫겠어.)

Overall, I quite like it.
(전체적으로 나는 꽤 좋은 것 같아.)

이외에도 다양하게 응용할 수 있습니다. 어떤 내용이든 각 방식의 순서대로 이야기하면 자신이 전하고자 하는 메시지를 더 쉽고 명확하게 전할 수 있습니다.

4장 정리노트

① 비원어민이라면 경청하는 자세를 길러야 한다.

② No를 쓰지 않고도 No라고 말할 수 있다.

③ 불쾌감을 주지 않는 주장의 비밀은
말의 첫마디에 있다.

④ 자연스럽게 대화의 주도권을 잡고 싶다면
질문해야 한다.

⑤ 상대방에게서 Yes라는 답을 듣기 위해서는
준비가 필요하다.

⑥ 말하는 순서를 바꾸면 메시지를 더 효과적으로
전할 수 있다.

5장

상황별로 완벽 마스터하는
세련된 영어 대화법

새로운 프로젝트에 관한
회의 약속을 잡을 때

제임스와 하나는 같은 팀에서 일하는 동료입니다. 새로운 프로젝트에 관해 의논하기 위해서 제임스가 하나와 회의 약속을 잡으려고 합니다. ○는 '세련된 영어', △는 '통하기는 하지만 보완이 필요한 영어', ×는 '세련되지 않은 영어'를 가리킵니다. 각 예문의 차이가 느껴지나요?

James: **So Hana,** 〈1단계. 회의 약속을 잡고 싶다는 뜻을 전하세요〉
[○] **I would like to arrange a meeting with you.**
[△] **I want to have a meeting with you.**
[×] **I like to have a meeting with you.**

〈2단계. 다음 주 하나의 일정이 괜찮은지 물어보세요〉
[○] **Would you be available sometime next week?**
[△] **Are you free sometime next week?**
[×] **Are you free?**

Hana: **Sure, I have next Monday and Tuesday available.**

James: **OK. then let's meet on Monday.**

〈3단계. 하나에게 좋은 시간이 언제인지 물어보세요〉
[○] **Would you be available at either 10 am or 1 pm?**
[△] **What time is best for you?**
[×] **When is good?**

Hana: **Monday 1 pm works perfect for me.**

James: **Sure. I'll see you here around then.**

**회의 약속을 정하고 싶다는
의사를 전달한다**

✕ I like to have a meeting with you.

(당신과 회의를 하고 싶어요.)

▶ 상대방에게 요청할 때, 자신의 기호를 나타내는 like to를 쓰는 것은 적절하지 않다.

⭕ I would like to arrange a meeting with you.

(당신과 회의 약속을 정하고 싶은데요.)

▶ will의 과거형 would를 첨가하면 상대방의 사정을 고려하는 표현이 된다. 게다가 have 대신 arrange라는 동사를 쓰면 적극적이며 유능하다는 인상을 줄 수 있다.

POINT 이렇게 활용해보자!

❶ I like to → I would like to

▶ would를 써서 '가능하면 ~하고 싶은데요'라는 뉘앙스의 겸손한 자세로 만나고 싶다는 뜻을 전해보자.

전문적인 느낌으로 상대방의 일정을 물어본다

✕ **Are you free?**

(시간 있어요?)

▶ 질문 내용이 막연하여 상대방도 일정을 정하기 어렵다.

◯ **Would you be available sometime next week?**

(다음 주 중 시간이 괜찮을 때가 있나요?)

▶ will의 과거형 would를 쓰면 정중한 표현이 된다. 또 sometime next week(다음 주 중 언젠가)라는 선택지의 폭을 제시하여 폐쇄형 질문으로 물어보면, 상대방도 바로 대답하기 편하다. 참고로 '시간이 괜찮다, 다른 일정이 없다'라는 의미의 available은 같은 의미의 free보다 더 전문적인 인상을 풍기므로, 꼭 알아두자.

POINT ◀ 이렇게 활용해보자!

❶ are → would be

▶ '만약 시간이 되신다면'이라는 뉘앙스의 저자세로 상대방의 일정을 물어보자.

그 자리에서 회의 시간까지 정한다

✗ When is good?

(언제가 좋나요?)

▶ 현재형 is는 너무 직설적이다. 또 개방형 질문으로 물으면, 그 자리에서 바로 긍정적인 답을 듣지 못할 가능성도 있다. 이럴 때는 폐쇄형 질문에 포인트를 넣어 물어봐야 한다.

○ Would you be available at either 10 am or 1 pm?

(오전 10시나 오후 1시에 시간이 되나요?)

▶ will의 과거형 would를 쓰면 정중한 표현이 된다. 이처럼 양자택일 형식의 폐쇄형 질문에는 상대방도 답하기 쉽다.

POINT 이렇게 활용해보자!

❶ 개방형 질문 → 폐쇄형 질문

▶ 상대방의 일정을 물을 때는 대답하기 쉽도록 질문하는 것이 세련된 방식이다. 상대방이 Yes라고 답하기 쉬운 폐쇄형 질문으로 정확하게 물어보자. 그러면 회의 날짜나 시간 등 일정을 쉽게 정할 수 있다.

❷ either A or B?

▶ 양자택일 형식의 질문으로 상대방이 긍정적인 답을 할 가능성을 높여보자. 상대방이 어느 쪽을 택하든 긍정적 결과로 이어지는 선택지를 만들면 된다.

제임스: 그래서 하나, 당신과 회의 약속을 정하고 싶은데요. 다음 주 중 시간이 괜찮을 때가 있나요?

하나: 네, 다음 주 월요일과 화요일이 괜찮아요.

제임스: 좋아요, 그럼 월요일에 보도록 해요. 오전 10시나 오후 1시에 시간이 되나요?

하나: 월요일 오후 1시가 나에겐 가장 좋아요.

제임스: 알았어요. 그때쯤 여기서 만나요.

◯ 상황 1 **정리노트**

- ☐ 과거형 would로 상대방의 사정을 고려하는 뜻을 나타내자.
- ☐ 폐쇄형 질문에 포인트를 넣어 물어보자.
- ☐ 양자택일 형식의 질문을 이용하여 상대방이 긍정적인 답을 하도록 유도하자.

상황 02.
네트워킹 행사에서 처음 만나는 사람과 대화할 때

어느 음식점에서 열린 네트워킹 행사에서 로리를 만난 켄. 서로 자기소개를 한 후, 두 사람이 모두 아는 지인에 대한 이야기를 나눕니다. ○는 '세련된 영어', △는 '통하기는 하지만 보완이 필요한 영어', ×는 '세련되지 않은 영어'를 가리킵니다. 각 예문의 차이가 느껴지나요?

Ken: **Hi,** 〈1단계. '저는 켄입니다'라고 자기소개를 하세요〉
[○] I'm Ken.
[×] I am Ken.
Nice to meet you.

Rory: **I'm Rory.**

Ken: 〈2단계. 상대방의 이름을 다시 확인하세요〉
[○] Sorry, what was your name again?
[△] Sorry?
[×] What is your name?

Rory: **Rory. Pleased to meet you too, Ken.**

Ken: 〈3단계. 처음 만나는 로리에게 첫 질문을 해보세요〉
[○] Have you been here before?
[×] Why did you come here?

Rory: **Actually, this is my first time.**

Ken: **I hear that the food here is quite good.**

Ken: 〈4단계. 대화를 발전시킬 수 있는 질문을 해보세요〉

[○] So what do you do, Rory?

[△] Are you working?

[×] What is your job?

Rory: **I'm a product designer at DesignHouse.**

Ken: **Right! Actually I know someone who works for that company.**

〈5단계. 대화를 세련되게 끝맺으세요〉

[○] Well, I have to go now, but it was nice talking to you, Rory.

[×] OK, bye.

Rory: ***Likewise.**

*Likewise는 '저도 마찬가지예요'라는 의미로 쓰인다. 'Me, too'에 비해 세련된 느낌이 난다.

깔끔하게 자기소개를 한다

✕ Hi, I am Ken.

(안녕하세요, 저는 켄이라고 합니다.)

▸ I am은 편한 자리에서 쓰기에는 조금 딱딱하게 느껴진다.

○ Hi, I'm Ken.

(안녕하세요, 저는 켄입니다.)

▸ 공식적인 자리든 사적인 자리든 상관없이 구어에는 축약형 I'm이 자연스럽다.

POINT 이렇게 활용해보자!

❶ I am → I'm

▸ 구어에서는 I'm을 쓰는 것이 자연스럽다. 그러나 공식적인 메일이나 업무 편지에서는 수고스럽더라도 I am이라고 써서 상대방을 존중하는 인상을 주도록 하자.

2단계 상대방의 이름을 자연스럽게
재확인한다

✕ What is your name?

(성함이 무엇인가요?)

▶ 너무 직설적이어서 무례하게 보일 수 있다.

◯ Sorry, what was your name again?

(죄송하지만, 성함이 뭐라고 하셨지요?)

▶ 과거형 was를 쓰면 정중한 표현이 된다. 문장 끝에 again을 붙여 더 자연스러운 문장이 되었다.

POINT 이렇게 활용해보자!

❶ is ~? → was ~ again?

▶ 과거 시제를 써서 자연스럽게 정중한 분위기를 연출한다. 공식적인 자리에서는 조금 길더라도 Could you ~?로 확인하는 것이 좋다. "Could you tell me your name again?(성함을 다시 말씀해주실 수 있나요?)" 정도는 쉽게 말할 수 있도록 연습해두자.

**첫 만남에서도 질문으로
대화의 주도권을 잡는다**

✕ Why did you come here?

(왜 여기에 오셨나요?)

▶ 문법적으로는 맞지만, 대개는 이렇게 말하지 않는다. 참고로 자연스러운 표현은 "What brought you here?"이다.

⭕ Have you been here before?

(전에 여기 와보신 적이 있나요?)

▶ 질문 내용이 중립적이다. 첫 만남에서는 이런 질문으로 대화를 시작하는 것이 좋다.

POINT ◀ 이렇게 활용해보자!

❶ 사적인 질문 → 중립적인 질문

▶ 처음 만나는 상대에게는 날씨나 장소, 주변 분위기 등에 관한 중립적인 질문부터 하는 것이 무난하다. 위 예문처럼 Yes 혹은 No로 대답할 수 있는 폐쇄형 질문을 잘 활용하면, 상대방도 답하기 쉬워 대화가 순조롭게 시작된다.

4단계 대화를 발전시킬 수 있는 질문을 한다

✕ What is your job?

(직업이 무엇인가요?)

▶ 문법적으로는 맞지만, 대개는 이렇게 말하지 않는다.

○ So what do you do?

(그래서 무슨 일을 하시나요?)

▶ 자기소개를 하는 자리에서 아마 가장 많이 하는 질문일 것이다. so로 운을 떼면 갑자기 본론으로 들어가도 한결 자연스럽다.

POINT 이렇게 활용해보자!

❶ **What do you do?**

▶ 처음 만나는 상대와의 대화를 발전시키고 싶다면, 개방형 질문을 효과적으로 활용해야 한다. 위 예문은 공식적인 자리든 사적인 자리든 상관없이 쉽게 쓸 수 있는 표현이다. 참고로 이런 문장도 유용하다. "What do you do in your free time?(여가 시간에는 무엇을 하시나요?)"은 취미를 묻는 질문으로, 잘 활용하면 대화를 발전시킬 수 있다.

대화를 세련되게 끝맺는다

✕ OK, bye.

(그럼, 잘 가요.)

▶ 대화를 마무리하는 '예고 표현'이 없어 갑작스럽다. 그 자리를 떠나야 하는 이유도 설명하지 않아서 상대방이 당황할 수 있다.

○ Well, I have to go now, but it was nice talking to you.

(그럼, 저는 이제 가봐야겠습니다. 그래도 당신과 이야기를 나눠서 즐거웠어요.)

▶ 대화를 마무리하는 '예고 표현'이 있어 자연스럽다. 그 자리를 떠나야 하는 이유는 이 정도로도 충분하다. 마지막에 긍정적인 말로 대화를 끝맺으면 좋다.

POINT ◀ 이렇게 활용해보자!

❶ 예고 표현＋이유＋긍정적인 말

▶ 대화를 자연스럽고 세련되게 끝맺는 법을 알아두면, 다음에 기분 좋은 재회를 할 수 있다.

켄: 안녕하세요, 저는 켄입니다. 만나서 반가워요.

로리: 저는 로리입니다.

켄: 죄송하지만, 성함이 뭐라고 하셨지요?

로리: 로리예요. 켄, 저도 만나서 반가워요.

켄: 로리, 전에 여기 와보신 적이 있나요?

로리: 사실 이번이 처음입니다.

켄: 여기 음식이 꽤 맛있다고 들었어요. 그래서 로리, 무슨 일을 하시나요?

로리: 디자인하우스의 제품 디자이너예요.

켄: 그렇군요! 사실 제가 그 회사에서 일하는 사람을 알고 있어요.

         (대화가 이어진다.)

켄: 그럼, 저는 이제 가봐야겠습니다. 그래도 당신과 이야기를 나눠서 즐거웠어요, 로리.

로리: 저도 마찬가지예요.

◯ 상황 2 정리노트

☐ 상황에 따라 축약형을 적절하게 쓰자.

☐ 과거 시제를 써서 자연스럽게 정중함을 표현하자.

☐ 처음 만나는 상대에게는 중립적인 질문으로 대화를 시작하자.

☐ 개방형 질문으로 대화를 발전시켜보자.

☐ 대화를 끝맺는 법에 세심한 주의를 기울이자.

상황 03.
동료에게 부탁할 때

하나는 직장 동료인 제임스에게 부탁하고 싶은 일이 있습니다. ◯는 '세련된 영어', △는 '통하기는 하지만 보완이 필요한 영어', ×는 '세련되지 않은 영어'를 가리킵니다. 각 예문의 차이가 느껴지나요?

Hana: **Hi, James.** 〈1단계. 불쾌감을 주지 않도록 유의하면서 부탁하세요〉

[◯] **Sorry to interrupt you, but would you mind quickly double-checking these numbers for me?**

[△] **Could you double-check these numbers for me?**

[×] **Please double-check these numbers.**

James: **Sure.** 〈2단계. 자연스럽게 Yes라는 답변이 나올 수 있도록 하나에게 조금 기다려달라고 말하세요〉

[◯] **Can you give me just a minute?**

[△] **Can you wait?**

[×] **.......** (아무 말도 하지 않는다)

So I can finish this and then look into your report. ... Now, can I have a look?

Hana: **Sure.**

James: **There are some numbers that may need to be checked again. For example, here and here.**

Hana: **Umm, do you think you can help me out with this?**

James: 〈3단계. 도와주고 싶지만 지금은 불가능하다고 답하세요〉
[○] I wish I could.
[△] I'm sorry.
[×] No, I can't.
But I'm a bit busy now. Hey, why don't you ask Ken?
He's *Mr. Numbers!

Hana: **Sure.** 〈4단계. 보고서를 살펴봐준 제임스에게 고마운 마음을 전하세요.〉
[○] Anyway, thank you for your help!
[△] Thank you.
[×] Sorry for bothering you.

James: **No problem.**

*Mr. Numbers는 '숫자에 강한 사람(남성)'을 의미한다.

**불쾌감을 주지 않도록
유의하면서 부탁한다**

 Could you help me out with this?

(이것 좀 도와줄 수 있나요?)

▶ '서두 표현'이 없어 갑작스럽게 들린다. 상대방에 대한 배려가 느껴지지 않는다.

Excuse me, could you help me out with this?

(미안하지만, 이것 좀 도와줄 수 있나요?)

▶ '서두 표현'이 있어 상대방에 대한 배려가 느껴진다. Yes라는 답을 들을 확률이 높아진다.

POINT ◀ 이렇게 활용해보자!

❶ 서두 표현+부탁을 나타내는 문장

▶ 지금 다른 업무로 한창 바쁜 와중에 갑자기 도와달라는 말을 들으면 어떤 기분이 들까? 상대방의 기분을 고려하면서 말을 어떻게 시작할지 생각해보자.

2단계 Yes라는 답변이 나올 수 있도록 부탁한다

 Could you come early tomorrow?

(내일 일찍 올 수 있나요?)

▶ 부탁을 받아들였을 때 얻을 수 있는 이점이 불분명하다. 그러니 상대방도 Yes라고 말하기 어렵다.

Could you come a bit early tomorrow? That way, we can get everything ready for the meeting.

(내일 조금 일찍 오실 수 있나요? 그러면 우리가 모든 회의 준비를 할 수 있을 거예요.)

▶ 부탁을 받아들였을 때 얻을 수 있는 이점이 명확하다. 그러니 상대방도 Yes라고 말하기 쉽다.

POINT 이렇게 활용해보자!

❶ **early → a bit early**

▶ a bit을 쓰면 어려운 부탁도 마치 쉬운 부탁처럼 들린다.

❷ **That way, we can ~**

▶ 부탁을 받아들였을 때 얻을 수 있는 이점을 설명하여 상대방이 Yes라고 답할 확률이 높아진다.

상대방의 기분이 상하지 않도록 거절한다

✕ No, I can't.

(아니요, 저는 할 수 없어요.)

▶ 갑자기 No라는 말을 들으면, 완전히 거부당하는 느낌이 들어 불쾌할 수 있다.

◯ I wish I could.

(제가 할 수 있다면 좋을 텐데요. → 할 수 없다는 의미)

▶ '할 수 있다면 부탁을 들어주고 싶다'라는 의미로, 긍정적인 인상을 준다.

POINT 이렇게 활용해보자!

❶ No. → I wish I could.

▶ 부탁을 거절하는 말이지만, 긍정적인 뉘앙스를 풍긴다. 단 네 단어로 이루어진 이런 훌륭한 표현은 꼭 기억하여 실전에서 써보자.

4단계 부탁을 들어준 상대방에게 고마운 마음을 전한다

✕ **Sorry for bothering you.**

(귀찮게 해서 미안해요.)

▸ 사과할 필요가 없는 상황에서 사과하고 있다. 부정적인 인상을 준다.

○ **Thank you for your help!**

(도와줘서 고마워요!)

▸ 감사 인사로 긍정적인 인상을 준다.

POINT 이렇게 활용해보자!

❶ Sorry → Thank you

▸ 사과보다 감사를 표현하는 말이 훨씬 더 긍정적인 인상을 주며, 자연스럽게 들린다. 부탁에 응해준 상대방도 당연히 보람을 느낄 것이다.

하나: 안녕하세요, 제임스. 방해해서 미안하지만, 이 수치들을 재빨리 재차 확인해줄 수 있나요?

제임스: 그럼요. 조금만 기다려줄 수 있어요? 그러면 이 일을 끝내고 당신의 보고서를 살펴볼게요. … 이제 봐도 되나요?

하나: 물론이에요.

제임스: 몇몇 수치들은 다시 확인해봐야 할 것 같네요. 예를 들면 여기와 여기예요.

하나: 음, 이 건과 관련해서 저를 도와줄 수 있나요?

제임스: 그럴 수 있다면 좋을 텐데 말이죠. 하지만 제가 지금 좀 바빠서요. 아, 켄에게 부탁해보면 어떨까요? 숫자에 강하잖아요!

하나: 좋아요. 아무튼 도와줘서 고마워요!

제임스: 천만에요.

☐ 상황 3 정리노트

☐ 부탁할 때는 말을 어떻게 시작할지 고민해보자.

☐ '작은 표현'을 활용하여 완곡하게 말하자.

☐ 과거 시제를 써서 자연스럽게 정중함을 표현하자.

☐ 도와준 상대방에게 사과하기보다 감사의 마음을 전하자.

상황 04.
회의에서 자신의 의견을 말할 때

하나와 제임스는 회의에서 프로젝트의 마감 기한에 대해 이야기하고 있습니다. ○는 '세련된 영어', △는 '통하기는 하지만 보완이 필요한 영어', ×는 '세련되지 않은 영어'를 가리킵니다. 각 예문의 차이가 느껴지나요?

Hana: **James,** ⟨1단계. 회의에서 발언 기회를 잡아보세요⟩
[○] can I just add something here?
[△] can I say something?
[×] I want to say something.

James: **Sure.**

Hana: **I feel the deadline is a bit tight.**

James: ⟨2단계. 하나에게 논점을 설명해달라고 완곡하게 말하세요⟩
[○] So do you feel that we're a bit behind the schedule?
[△] Pardon?
[×] I don't understand that.

Hana: **Well, I think we need more time to finish it all. What do you think?**

James: 〈3단계. 불쾌감을 주지 않도록 유의하면서 자신의 주장을 말하세요〉

[○] **Yes, if we have another two weeks or so, then I think we can complete the project.**

[△] **Well, it's hard.**

[×] **But we can't do that.**

Hana: **OK, then let me talk to our client to see if that's possible.** 〈4단계. 세련된 표현으로 대화의 흐름을 바꿔보세요〉

[○] **Any other comments? If not, then let's move on to the next topic.**

[△] **OK, let's move on to the next agenda.**

[×] **OK, the next topic is ....**

회의에서 발언 기회를 잡는다

✕ I want to say something.

(말씀드리고 싶은 것이 있습니다.)

▶ 자신의 요구를 일방적으로 전하는 느낌이 든다.

○ Can I just add something here?

(여기에 뭔가를 조금 덧붙여도 될까요?)

▶ 발언권을 얻기 위해 알아야 할 아래의 세 가지 요점을 잘 이해하고 있다.

POINT ◀ 이렇게 활용해보자!

❶ I want to say ~ → Can I just add ~?

▶ 회의 등에서 발언권을 얻기 위해서는 다음과 같은 세 가지 요점을 잘 알고 있어야 한다.
① 폐쇄형 질문을 효과적으로 활용한다. → 긍정적인 답변을 유도할 수 있다.
② say보다 add를 쓴다. → 상대방의 발언을 부정하는 것이 아니라 의견을 덧붙인다는 인상을 줘서 자신의 의견이 수용될 가능성을 높인다.
③ '작은 표현'인 just나 here를 쓴다. → 이어질 발언 내용이 길지 않다는 점을 예고하여 발언권을 얻기 쉬워진다.

2단계 상대방에게 논점을 설명해달라고 완곡하게 말한다

✕ I don't understand that.

(무슨 말씀인지 잘 모르겠어요.)

▶ 상대방이 말하는 논점 자체를 모르겠다는 뜻으로 들린다. 너무 직설적이라서 자칫하면 무례하게 느껴질 수 있다.

⭕ So do you feel that our price setting is a bit too high?

(그래서 우리의 가격 설정이 조금 높다고 생각하나요?)

▶ 상대방의 논점을 정리하면서 확인하고 있다. 상대방의 이야기를 잘 듣고 있다는 점을 알리는 동시에 확인하고 싶은 부분도 언급하고 있다. 또한 feel이라는 동사를 쓰면 상대방의 기분을 헤아리는 표현이 된다.

POINT ◀ 이렇게 활용해보자!

❶ I don't understand ~ → So do you feel (that) ~

▶ 막연하게 모르겠다는 소리를 들으면, 누구든 당황하기 마련이다. 먼저 이해하기 어려운 부분을 콕 집어 말하자. 그리고 정확하게 확인해보자. 확인이라는 방법을 쓰면 상대방도 논점을 설명하기 쉬워진다.

**불쾌감을 주지 않도록
유의하면서 주장한다**

✕ **But we can't do that.**

(하지만 우리는 그렇게 할 수 없어요.)

> ▶ 갑자기 but이라고 말하면 상대방의 발언을 부정하는 인상을 준다. 상대방이 불쾌감을 느낄 수 있다.

◯ Yes, if the timing is right, we can do that.

(그렇죠, 만약 시기가 적절하다면 우리는 그렇게 할 수 있어요.)

> ▶ Yes로 말을 시작하면 상대방의 발언을 인정하는 인상을 준다. 상대방이 불쾌감을 느끼지 않는다.

POINT ◀ 이렇게 활용해보자!

❶ **But → Yes, if ~**

> ▶ 주장하는 내용보다 표현하는 방식에 주의를 기울이자. 〈Yes, if〉로 말을 시작하면 ①자신의 주장보다 상대방의 주장에 초점을 맞추게 되고, ②상대방의 주장을 받아들일 수 있는 조건을 제시하게 되어, ③그 결과 자신이 말하는 주장의 정당성을 얻는다.

4단계 세련된 표현으로 대화의 흐름을 바꾼다

✗ OK, the next topic is ~.

(좋아요, 다음 주제는 ~.)

▸ 대화의 흐름을 너무 갑작스럽게 바꾸고 있다.

◯ Any other comments? If not, then let's move on to the next topic.

(다른 의견은 없나요? 없으면 다음 주제로 넘어가도록 하죠.)

▸ 대화의 흐름을 바꾸기 전에 질문하고 있다.

POINT ◀ 이렇게 활용해보자!

❶ 대화의 흐름을 갑자기 바꾼다 → 질문을 하고 대화의 흐름을 바꾼다

▸ 대화의 흐름을 바꾸고 싶을 때는 상대방의 대답을 어느 정도 예측할 수 있는 폐쇄형 질문을 효과적으로 활용한다. 위의 예문 외에도 "Any other questions?(다른 질문은 없나요?)" 혹은 "Anything else to add?(덧붙일 다른 의견은 없나요?)" 같은 질문이 자주 쓰인다. 참석자의 동의를 구하면서 회의를 진행하는 것이 원칙이다.

하나: 제임스, 여기에 뭔가를 조금 덧붙여도 될까요?

제임스: 물론이죠.

하나: 내 생각에는 마감 기한이 조금 촉박한 것 같아요.

제임스: 그러니까 당신은 우리가 예정보다 조금 늦다고 생각하나요?

하나: 음, 일을 전부 끝내기 위해서는 더 많은 시간이 필요할 것 같아요. 당신은 어떻게 생각하나요?

제임스: 그렇죠, 만약 우리에게 2주 정도의 시간이 더 있다면, 프로젝트를 완전히 끝낼 수 있을 거예요.

하나: 좋아요, 그럼 그것이 가능한지 내가 고객과 이야기해볼게요. 다른 의견은 없나요? 없으면 다음 주제로 넘어가도록 하죠.

☐ 상황 4 정리노트

☐ 폐쇄형 질문을 효과적으로 활용하여 발언권을 얻어보자.

☐ 상대방에게 불쾌감을 주지 않고 주장하려면 〈Yes, if〉로 시작하자.

☐ 폐쇄형 질문을 적절하게 활용하여 대화의 흐름을 자연스럽게 바꿔 보자.

☐ 정확하고 구체적인 질문으로 상대방의 논점을 확인해보자.

전화로 항의할 때

온라인 쇼핑몰에서 구입한 상품을 아직 받지 못한 미키는 고객 센터에 전화해 항의하고자 합니다. ○는 '세련된 영어', △는 '통하기는 하지만 보완이 필요한 영어', ×는 '세련되지 않은 영어'를 가리킵니다. 각 예문의 차이가 느껴지나요?

Miki: 〈1단계. 항의의 뜻을 완곡하게 전하세요〉
[○] I haven't received my order yet.
[×] You haven't sent my order yet.

Staff: 〈2단계. 고객의 항의를 진지하게 받아들이고 적절한 답변을 하세요〉
[○] I'm sorry to hear that you haven't received your order yet.
[△] I'm sorry.
[×] Really?

Miki: **It's been three weeks since I put my order. I'm concerned that it's taking a bit too long to be delivered.**

Staff: 〈3단계. '제가 알아보겠습니다'라고 신속하며 정중하게 대응하세요〉
[○] I'll look into it for you.
[△] I'll look into it.
[×] Hold on.

Miki: **OK.**

Staff: Unfortunately, it seems that your order was shipped to the wrong address.

Miki: Oh no. Then, can I *get a refund?

Staff: 〈4단계. 고객의 요청을 받아들일 수 없음을 정중하게 설명하세요〉

[○] Unfortunately, we will be unable to do that.

[△] We will be unable to do that.

[×] No, we can't.

However, we'd like to re-ship your order *ASAP and offer you a coupon for $15 off your next purchase.

Miki: OK. That would be great. Thank you for that.

Staff: My pleasure. Again, sorry for the inconvenience.

---

*get a refund는 '환불받다'라는 의미다.
*ASAP는 as soon as possible의 약자로서 '가능한 한 빨리'를 의미한다. 구어에서는 '에이섭'처럼 발음한다.

항의의 뜻을 완곡하게 전한다

✗ You haven't sent my order yet.

(당신은 제가 주문한 상품을 아직 보내주지 않았어요.)

▸ you를 주어로 쓰고 있다. 상대방을 추궁하는 느낌이 든다.

◯ I haven't received my order yet.

(제가 주문한 상품을 아직 받지 못했어요.)

▸ I를 주어로 하여 자신에게 초점을 맞추고 있다.

POINT ◂ 이렇게 활용해보자!

❶ You → I

▸ 항의를 할 때는 누구의 잘못인지 '정확하게 밝히는 것이 좋은 경우'와 '일부러 모호하게 말하는 것이 좋은 경우'가 있다. 보통은 후자의 방법으로도 충분하다. 항의 내용의 초점은 상대방이 아니라 자신에게 맞춰야 한다. 특히 상대방이 개인이 아니라면, 특정 사람을 지칭하지 않는 편이 현명하다.

2단계 고객의 항의를 진지하게 받아들인다

✗ I'm sorry.

(죄송합니다.)

▶ 자신의 잘못이 아닐 수도 있다. 무엇에 대한 사과인지가 불분명하다.

◯ I'm sorry to hear that you haven't received your order yet.

(주문하신 상품을 아직 받지 못하셨다니 죄송합니다.)

▶ 불편을 겪고 있는 상대방의 기분을 이해하고 있다. 무엇에 대한 사과인지가 명확하다.

POINT 이렇게 활용해보자!

❶ I'm sorry. → I'm sorry to hear (that) ~

▶ 항의를 받으면 먼저 액티브 리스닝 기법으로 상대방의 기분을 이해해야 한다. 사과할 때는 자신만의 책임이 아닌 경우도 있으니, 〈I'm sorry to hear (that)+항의 내용〉의 구문으로 무엇에 대한 사과인지를 명확하게 전하자.

3단계 # 고객의 항의에 신속하고 정중하게 대처한다

✕ Hold on.

(잠시 기다리세요.)

▶ 상대방에게 행동을 요구하고 있다. 게다가 고객에게 쓰는 표현으로는 너무 가벼운 느낌이 든다.

◯ I'll look into it for you.

((고객님을 위해) 제가 알아보겠습니다.)

▶ 자신이 직접 행동하겠다고 말하고 있다. 또한 for you를 붙여 상대방에게 도움이 되고 싶은 마음을 전한다.

POINT ◀ 이렇게 활용해보자!

❶ 상대방에게 행동을 요구한다 → 자신이 직접 행동한다

▶ 상대방의 항의를 진지하게 받아들였다면, 그다음은 신속하고 정확하게 구체적인 행동을 할 차례다. 구체적으로 어떤 행동을 할지 알려주는 예문을 소개한다.
We <u>will</u> send someone to take care of it <u>right away</u>.
(지금 바로 사람을 보내서 일을 처리하도록 하겠습니다.)
We <u>will</u> ship your order <u>ASAP</u>.
(최대한 빨리 주문하신 상품을 발송하겠습니다.)
의지를 나타내는 will(~할 것이다)과 신속함을 나타내는 right away(지금 당장) 혹은 ASAP(최대한 빨리)로 유능한 사람이라는 이미지를 얻을 수 있다.

❷ +for you

▶ 상대방의 입장을 배려하는 느낌이 든다.

4단계   요청을 받아들일 수 없음을
정중하게 설명한다

✕ No, we can't.

(아니요, 해드릴 수 없습니다.)

▶ 갑자기 No라고 말하고 있다. 표현이 너무 직설적이다.

◯ Unfortunately, we will be unable to do that.

(안타깝지만, 그렇게 해드릴 수는 없습니다.)

▶ 부정적인 내용을 말하기 전에 쿠션 표현을 쓰고 있다. 또 can't를 will be unable to로 바꾸면 No를 쓰지 않고 No를 말할 수 있다.

POINT ◀ 이렇게 활용해보자!

❶ can't → Unfortunately+will be unable to

▶ No를 쓰지 않고 No라고 말할 때 꼭 필요한 쿠션 표현을 적절하게 활용하자. 상대방이 받을 충격을 최소한으로 줄여주면, 말하는 사람의 의도가 잘 전달된다.

미키: 제가 주문한 상품을 아직 받지 못했어요.

직원: 주문하신 상품을 아직 받지 못하셨다니 죄송합니다.

미키: 주문한 지 3주가 지났어요. 배송되는 데 시간이 좀 많이 걸리는 것 같아 걱정이
       되어서요.

직원: 제가 알아보겠습니다.

미키: 네.

직원: 불행하게도 고객님께서 주문하신 상품이 다른 주소로 배송된 것 같습니다.

미키: 아, 안돼요. 그럼 제가 환불받을 수 있을까요?

직원: 안타깝지만, 그렇게 해드릴 수는 없습니다. 하지만 최대한 빨리 주문하신 상품을
       재발송하고, 다음 구매 시 15달러를 할인받으실 수 있는 쿠폰을 드리겠습니다.

미키: 알겠어요. 그렇게 해주시면 좋겠네요. 감사합니다.

직원: 도움을 드릴 수 있어 저도 기쁩니다. 불편을 드려서 다시 한 번 죄송합니다.

◯ 상황 5 정리노트

☐ you를 주어로 하지 않고 항의의 뜻을 완곡하게 전하자.

☐ 사과할 때는 무엇에 대한 사과인지를 분명하게 밝히자.

☐ for you로 상대방을 생각하는 마음을 표현하자.

☐ 구체적인 행동을 하겠다는 의사를 전하자.

☐ 쿠션 표현을 활용하여 상대방의 요청을 받아들일 수 없음을 정중하
  게 설명하자.